교육,
그 빛나는
이름

교육, 그 빛나는 이름

초판 1쇄 발행 2025년 11월 21일

지은이 / 김준식

발행 / 케렌시아
인쇄 / (주)다해씨앤피
일원화 구입처 / 031-407-6368 (주)태양서적
등록 / 2021년 11월 18일 (제386-2021-000096호)
이메일 / niceheo76@gmail.com

ISBN 979-11-985243-7-9 (03370)

값은 표지에 있습니다.
저작권법에 따라 한국 내에서 보호를 받는 제작물이므로 무단 전재 및 복제를 금합니다.

김준식 교육 비평

교육, 그 빛나는 이름

케렌시아

추천사

 나와는 조금 다른 시각에서 색다른 『학교 내부자들』 책을 읽는 느낌이었다. 내가 『학교 내부자들』에서조차 말할 수 없었던 학교의 치부들을 저자는 숨김없이 세상에 드러내고자 했다. 공모교장으로서 학교의 민주주의 실현을 방해하는 요인들과 특히나 교사로 돌아오기를 거부했던 교장 선생님들의 심중을 적나라하게 적은 저자의 용기에 고개가 숙여진다.

 이 책은 교육 하나만 바라보고 평생을 살아온 저자가 교직의 여러 지위에서의 경험을 바탕으로 학교를 혁신하고자 하는 절절한 심정을 기록한 책이다. 학교의 민주주의에 의문을 품은 채 교직에 첫발을 내딛는 선생님들과 교육 철학적 관점에서 학교의 민주주의를 이해하고자 하는 선생님들에게 많은 도움을 줄 것이다. 저자는 때로는 교사의 시각에서 때로는 교장의 시각에서 학교의 교육과 교육행정 정책의 면면을 송곳처럼 예리하게 짚어낸다. 학교 교육에서 누가 주체적으로 서야 하며, 무엇을 우선순위에 둘 것인가에 대한 저자의 치열한 고민이 책의 곳곳에 잘 녹아 있다.

나는 학교 현장에 근무하면서 변화보다는 안주를, 저항보다는 순응을 택하는 학교의 리더 그룹들을 보면서 자괴감에 떨었던 적이 많았다. 그리고 누구를 위한 변화와 혁신이었는지를 고민하지 않고, 오로지 포장을 위한 실적을 양산하기 위해 학교를 몰아붙였던 교육 관료들의 행태를 보면서 과연 교육에서 희망을 꿈꿀 수 있는지에 대해 의문을 가진 적도 많았다.

개인적으로 내게 이 책은 교육에 다시 희망을 꿈꿀 수 있도록 용기를 주었다. 학교와 교육기관에서 일어났던 무의식적인 관행을 되돌아보고, 다시 바꾸어 나가기를 희망하는 이들, '교육, 그 빛나는 이름'에 동참하고자 하는 모든 선생님과 교육기관에 근무하시는 분들에게 필독을 권하고 싶다.

— 박순걸(김해대감초등학교 교장, 『학교 내부자들』, 『학교 외부자들』 저자)

· · · · · · · · · · ·

    교육은 모순적인 인간 활동이다. 보통 사람들은 교육의 주체자들이 가르치고 배우는 현장에서 과거와 전통의 의미를 무시하지 않으면서 사회를 안정적으로 유지하고 계승할 수 있게 하는 역량과 태도를 함께 기르고 보존하기를 기대한다. 이와 동시에 사람들은 교육을 통해 새로운 내일을 여는 주춧돌이나 실마리를 찾는 힘을 얻기를 기대한다.

    이렇게 본다면 교육의 장에는 항상 보수와 진보의 가치가 공존할 수밖에 없다. 나는 학교가 미묘한 긴장과 기대가 공존하는 용광로 같은 곳일 수밖에 없고, 그래야 하는 까닭이 여기에 있다고 생각한다. 과거의 계승자나 미래의 창조자 중 어느 하나를 고집하는 학교는 교육 본연의 자리에서 멀리 벗어나 있는 것이다. 교사 역시 교육에 내재해 있는 이러한 본질적 특성에 부응할 수 있도록 조화와 균형의 자세를 지키려고 노력하는 것이 중요하다. 그리고 이때 교사에게 필요한 것이 꾸준한 성찰과 사유이며, 이를 가능하게 하는 책 읽기와 글쓰기이다.

    이 책의 저자 김준식은 교사의 교육적 성찰과 사유, 책 읽기와 글쓰기의 전범 같은 교육자이다. 그는 40년이라는 긴 시간 동안 격변하는 우리나라 교육 현장의 최일선에 있으면서 교육의 겉과 속을 살피는 일을 한시도 게을리하지 않았다. 그의 손길과 발길이 닿지 않았던 분야는 거의 없었다고 해도 과언이 아니다. 인문학과 사회학을 다룬 저작들을 넓게 섭렵하고, 한시와 음악과 미술 등 정통 예술 분야의 작품들을 창작하고 비평하면서 교육이라는 용광로의 깊은 속살을 파헤치려는 노력을 잠시도 멈춘 적이 없다.

그 스스로 고백하듯, 이 책에 실린 글들은 "여러 상황 속에서도 문제의식을 잃지 않고 현장 교사로 살아내려 했던 치열한 기록"이다. 나는 진작부터 그에게 '르네상스적 지식인 교사'라는 별호를 지어 놓고, 홀로 속으로 불러왔다. 그가 눈길을 주고 다룬 교육 현장의 문제들이 전방위적이었고, 그것들을 다루는 그의 시선의 폭과 수준 역시 그만큼 넓고 깊었다. 이 책을 읽는 독자 역시 그와 함께 르네상스적 지식인 교사의 대열에 서게 될 것이다.

— 정은균(군산영광중학교 교사, 『학교 민주주의의 불한당들』,

『호모 스쿨 라이터스』 저자)

··········

  이 책은 40년 교단의 시간 속에서 교육의 본질을 잃지 않으려 깊이 사유한 한 교사의 여정이다. 김준식 선생님은 교사의 자리에서, 공모교장의 자리에서 그리고 다시 교사로 돌아와 이렇게 말한다. "교육은, 즉 사람을 가르치는 일은 그 모든 이념과 논리를 넘는 거대하고 도도한 흐름이다." 그는 교육을 제도의 언어가 아닌 인간의 언어로, 행정의 구조가 아닌 관계의 윤리로 다시 써 내려간다.

  교육 문제를 언급하는 일은 언제나 어렵다. 사회가 추구하는 거대한 담론과 세밀한 각론이 얽히고, 개인의 욕망과 불안이 복잡하게 교차하기 때문이다. 그럼에도 저자는 그 복잡한 층위를 피해 가지 않고, 교육의 중심에 여전히 '사람'을 세운다. 그에게 '사람'은 곧 '학생'이며, 그 미성숙함 속에서 더 나은 세상을 꿈꾸게 하려는 저자의 신념이 빛난다. 책의 제목처럼, '교육'이라는 이름은 여전히 빛난다. 제도의 그늘 속에서도 사람을 포기하지 않았던 교사들의 신념 그리고 인간을 향한 그 믿음이 이 책의 모든 장면을 비추고 있다.

  이 책의 내용은 단단하면서도 따뜻하다. 그 단단함은 교육의 현실을 정면으로 마주한 통찰에서 비롯되고, 그 따뜻함은 여전히 인간을 믿는 마음에서 솟아난다. 교권의 위기, 제도의 모순, 행정의 벽에도 그는 냉소하지 않았다. 대신 오래 묵은 슬픔과 깊은 성찰 그리고 그곳에서 피어나는 믿음으로 교육을 이야기한다. 저자의 믿음은 철옹성 같은 확신이 아니라, 이상과 현실, 제도와 법규 사이에서 끊임없이 방향을 묻고 고뇌하며, 먼 미래가 아니라 지금 이 자리에서 가능한 길을 찾는다.

이 책은 교단에서 철학을 일구어 온 한 교육자의 신념이자, 모순된 법과 제도의 그늘 속에서도 사람을 포기하지 않았던 한 교사의 삶의 궤적이다. 김준식 선생님은 교육을 '가르침의 기술'이 아닌 '사람의 일'로 이해했고, 그 신념으로 세월을 견디며 한국 교육의 중심에 인간의 얼굴을 되돌려 놓으려 몸부림쳤다.

후배 교사로서, 참된 교육자의 길을 묵묵히 걸어오신 선배께 깊은 존경과 감사를 드린다. 정돈되고 간결한 책의 문장은 거친 풍랑을 헤쳐 나가야 할 교사들에게, 교육을 걱정하고 고민하는 모든 이에게 묵직한 지침이자 나침반이 되어줄 것이다. 이 책이 널리 읽혀, '교육이 다시 사람을 향해 나아가야 한다'는 저자의 믿음이 미래를 향해 오늘을 살아갈 모든 이에게 등대처럼 빛나길 바란다.

- 차승민(창남초등학교 교사, 『이토록 영화로운 수업』, 『죽은 교사의 사회』 저자)

시작하며

　교육이라는 대전제를 두고 쓴 지난 몇 년 동안의 글을 모으고 정리하여 다시 다듬었다. 정확하지는 않지만, 내 교직 생활 전체를 돌아보면 비교육적인 부분이 더 많았을 것이다. 그러나 한결같이 유지하려고 노력한 것은 내가 속한 '교육'이라는 장(場)에서 일어나는 일들에 대한 문제의식이었다. 비교적 긍정적인 것으로 사용되는 '적응'이나 혹은 '평균'에 수렴하는 '균질화'야 말로 어쩌면 가장 비교육적인 일이라고 생각했기 때문이다.
　그런 노력 덕에 교육 현장에서 일어나고 있는 여러 문제에 대해 다양한 고민을 할 수 있었고, 문제의 본질을 찾아보고자 노력할 수 있었다. 수면 위에 나타난 것과 더불어 수면 아래 있는 부분까지 보고자 노력했으며, 사건들의 확산에 따른 영향과 흔적에도 관심을 기울일 수 있었다.
　교육은 엄청난 파급력을 가진 행위이다. 미세한 교육적 행위가 거대한 흐름으로 변하는 것을 보았으며, 긍정적 혹은 부정적 영향이 얼마나 큰지를 이미 보았고, 또 앞으로도 보게 될 것이다. 하여 어떤 교육적 행위도 소홀히 다룰 수 없다. 특히, 교육이라는 이름을 걸고 만들어지는 법과 제도는 신중에 신중을 기해야 하는 이유가 여기에 있다.

학교 교실이나 학교 현장에 기초하지 않는 법과 제도는 놀랍게도 교육을 방해하고 흔드는 원인이 되기도 한다. 교실에서 이루어지는 교사와 학생의 소통과 조화를 방해하는 순간, 그 어떤 제도나 법도 마침내 그 효용가치를 잃게 되는 것이다.

생각해 보면 내가 교직에 있던 지난 40년 동안 사회는 엄청난 변화가 있었다. 교육은 그러한 사회의 변화를 포용할 수 있어야 하지만 그 변화에 따를 필요는 없다. 즉 포용과 추종은 분명한 차이가 있다. 오히려 교육은 변화를 이끌어내는 힘이 되어야 한다. 하지만 현실은 다양한 사회의 변화가 교육을 압박하는 형세다. 이유는 있다. 분명하게 특정할 수는 없지만, 교육을 수단화하려는 정치, 경제적 세력이 교육을 여러 방향에서 압박하고 있는 것이다. 교육은 자유로워야 하며 동시에 스스로의 방향으로 나아가야만 하는데 그 일이 날로 어려워지고 있다.

여기 있는 글들은 여러 상황 속에서도 문제의식을 잃지 않고 현장 교사로 살아내려 했던 치열한 기록이다.

차례

추천사 ··· 4
시작하며 ··· 10

1장
교육을 지배하는 법

'법에 의한 지배'와 '법의 지배'	··· 19
교육기본법에 시비 걸기	··· 23
교육과 정치적 중립과 그리고 정치적 기본권	··· 27
교육에서 민주와 공화	··· 32
교육에서 비대칭 이론	··· 36
회복해야 할 가치, '공존'에 대해	··· 40
탄핵과 민주주의 교육	··· 44
교육과 생태계	··· 47
절대 악 그리고 교육	··· 52

2장
학교와 민주주의

학교 민주주의 실현을 위한 고민 1 ··· 59
학교 민주주의 실현을 위한 고민 2 ··· 63
학교 민주주의 실현을 위한 고민 3 ··· 69
학교 민주주의 실현을 위한 고민 4 ··· 75
민주적 학교 만들기 프로그램 ··· 78
인사발령 ··· 83
학교 그리고 나 ··· 87
교과서 선정의 그림자 ··· 91
관행 또는 퇴행 ··· 98
학교의 입학이 허가사항인가? ··· 103
학교폭력에 관한 생각 ··· 106
교권과 학생인권 ··· 113

3장
교육과정과 혁신 그리고 방향

중학교 교육의 목적과 교육 혁신 ··· 123
'추구하는 인간상' ··· 127

고교학점제에 대한 현장 교사의 독백 ··· 132
과목별 세부능력 및 특기사항에 대한 유감 ··· 138
기초, 개념 교육은 보수적인가? ··· 146
2022 교육과정 '대강화'에 대한 의견 ··· 151
교육과정에 관한 생각 ··· 155
교육 그리고 프레이밍 ··· 162

4장

교사에서 교장, 다시 교사로

공동체? ··· 169
'전문적 학습 공동체'라는 용어에 대한 견해 ··· 174
슬픈 교원 연구비 60,000원 ··· 177
자기발전 ··· 180
스승의 날 폐지에 대한 생각 ··· 184
교장에서 교사로 돌아오지 않으려는 이유 1 ··· 191
교장에서 교사로 돌아오지 않으려는 이유 2 ··· 194
교장에서 교사로 돌아오지 않으려는 이유 3 ··· 197
교장에서 교사로 돌아오지 않으려는 이유 4 ··· 201
교장에서 교사로 돌아오지 않으려는 이유 5 ··· 206
교장에서 교사로 돌아오지 않으려는 이유 6 ··· 212
마지막 수능 감독 ··· 215

5장
미래 교육

미래 그리고 미래 교육 ··· 223
혁신교육의 미래 ··· 233
예술 교육에 대한 생각 ··· 240
초중고 철학 교육을 위하여 ··· 246
동량, 주량, 인재 ··· 252
아디아포라 ··· 258
교육방법에 대한 불편함 ··· 261
어린 생명을 추모하며 ··· 266

마치며 ··· 270

1장

교육을
지배하는 법

'법에 의한 지배'와 '법의 지배'

법률로 규정하면 뭐든지 가능하다는 '법에 의한 지배(Rule by law)'
인간의 천부적인 자유와 권리를 보장하는 '법의 지배(Rule of law)'

'법에 의한 지배'는 누군가를 지배할 의도로 법을 이용하는 것이다. 즉 법은 도구로 전락하는데 이때 그 도구를 이용하는 당사자는 그 법 위에 있기 때문에 그 법의 적용을 받지 않는다. 반면 '법의 지배'는 누구도 예외 없는 공정하고 분명한 법 집행을 의미한다.

언제부터인가 학교와 교육에 관련된 법률이 갈수록 늘어나고 있다. 사회가 복잡해지니 피할 수 없는 면도 있지만, 단지 그 이유만으로 법률이 많아지는 것 같지는 않다. 법률이 많아지면 모든 것이 정리되고 명료해지는 것이 아니라 오히려 학교 현장을 더 복잡하게 하고 심지어 어떤 법률은 법률 자체가 문제를 심화시키기도 한다. 이른바 '법에 의한 지배'가 교육 현장을 압박하는 형국이 되고 말았다. 꽃 같은 어린 교사의 죽음, 이른바 서이초 사태로 우여곡절 끝에 제정되거나 개정된 '교육 5법'도 '법에 의한 지배' 그 이상도 이하도 아니다.

'헌법' 제22조, 제31조는 교육에 관한 조항이다. 학문과 예술의 자유로부터 교육권과 의무교육, 교육의 자주성 및 정치적 중립성, 평생교육 등을 규정하고 있다. 늘 정치적 중립성 해석에서 다양한 다툼이 있다.

그 아래에 '교육기본법'이 있다. 1997년 제정되어 1998년 시행되었고, 총 24차례 개정을 거쳐 2024년 8월 14일부터 시행되고 있다. 이 법 이전의 법이 '교육법'인데 1998년에 교육기본법이 시행되면서 1998년 폐지되었다. 교육기본법은 전체 29조로 된 비교적 간단한 법률이다. 교육기본법의 핵심은 제1장의 제3조 학습권, 제2장 교육당사자(학습자, 보호자, 교원, 교원단체, 국가 및 지자체 등) 규정이다.

1997년 12월 제정되고 총 52차례 개정된 '초·중등교육법'도 있다. 전체 68조로 되어있으며 현재 일반적인 초·중등 교육의 여러 사항을 다루고 있다. 초·중등교육법에는 14개의 시행령[1]이 매우 복잡하게 자리 잡고 있다. 정확한 규칙의 종류나 개수는 별다른 의

---

1 대통령 명령이 있고 시행령 아래에는 교육부 장관의 명령인 시행규칙이 10여 개 있다. 다시 그 아래 행정규칙, 예를 들어 훈령, 예규, 고시, 공고와 자치법규 즉, 각 시도 교육감의 시행규칙이 있다.

미가 없다. 왜냐하면, 각 시도 교육청의 요구에 따른 시도 의회 심의에 따라 수시로 제정 혹은 개정되기 때문이다.

이 두 개의 법령과 병렬적으로 2004년 제정되고 27차례에 걸쳐 개정된 '학교폭력예방 및 대책에 관한 법률'이 있다. 이 법 아래 2024년 3월에 대통령령으로 시행된 시행령과 행정규칙(2020년 교육부 고시)이 있다. 최근 교권보호를 위해 개정되거나 제정된 법이 있는데 '유아교육법', '교원지위법', '아동학대처벌법'이 있다.

그중 '교원지위법'(정식 명칭은 '교원의 지위 향상 및 교육활동 보호를 위한 특별법'이다)은 1991년 '교원 지위 향상을 위한 특별법'이라는 이름으로 제정되어 21차례 개정되어 2024년 3월부터 시행되고 있는 법이다. 특히, 교단에서 학부모의 악성 민원으로 목숨을 잃은 젊은 교사들의 상황을 반영하여 2023년 9월에 제6조(교원의 신분보장 등) 제③항이 신설되었다. 그 내용은 이러하다. 즉 교원이 「아동학대범죄의 처벌 등에 관한 특례법」 제2조 제4호에 따른 아동학대범죄로 신고된 경우 임용권자는 정당한 사유 없이 직위해제 처분을 하여서는 아니 된다. (신설 2023. 9. 27.)

이렇게 많은 법령과 규칙, 그리고 고시, 공고가 교육 현장에서 제대로 작동하는지는 차치하고서라도 교육 현장이 이렇게 많은 법에 의해 움직이고 있다는 사실이 그저 놀랍기만 하다. 처음으로 돌아가 현재 교육이 '법에 의한 지배'를 받고 있는지 아니면 '법의 지배'인지를 생각해 보지 않을 수 없다.

사실 학교는 공공기관이기 때문에 법에 의해 운영되는 것은 지극히 정상적인 일이다. 즉 '법의 지배'는 학교라는 공적 기관의 대전제일 수밖에 없다. 하지만 수많은 법령이 과연 교사와 학생들의 천부적인 자유에 근거한 교육을 하고 또 받을 권리를 보장하는 수준의 법인지는 매우 의심스럽다. 그만큼 현행 법령은 복잡하고 동시에 다양한 제한 규정이 많다.

'법에 의한 지배'의 가장 큰 문제점은 교육이라는 대전제는 물론이고 학교 현장의 교육적 상황을 무시한, 오로지 정치적 논리에서 비롯된 강제와 압력이 법률로 조문화되어 교육을 통제하는 것이다. 예를 들어 교육부나 대한민국 정부의 교육정책도 수많은 오류가 있었는데, 40년 가까이 학교생활을 하면서 단 한 번도 대한민국 정부나 교육부의 잘못된 정책을 철회하고 국민에게, 특히 교사와 학생들에게 사과하거나 오류를 시인한 경우를 본 적이 없다. 법률에 따라 정책을 시행했기 때문에 잘못이 없다는 관점인데 이 부분이 바로 '법에 의한 지배'의 본 모습이기도 하다.

'법의 지배'가 상식이라면 대한민국 정부나 교육부도 자신들이 시행했던 정책들의 수많은 오류에 대해 온전히 책임지고 동시에 재발 방지를 위해 일정 기간 권한의 일정 부분을 제한하는 최소한의 장치가 마련되어야 할 것이다. 그것이 정상적인 국가의 모습이며 동시에 '교육'이라는 전제에 합당한 조치가 아닐까?

교육기본법에 시비 걸기

2022년부터 시행된 교육기본법 제14조(교원) 제①항은 이렇게 되어 있다.

① 학교교육에서 교원(敎員)의 전문성은 존중되며, 교원의 경제적·사회적 지위는 우대되고 그 신분은 보장된다.

'존중'이나 '우대'는 엄밀히 말하면 법률용어가 아니다. 왜냐하면, 법률용어는 '제한'과 '금지' 또는 '의무', 그리고 '요건' 등을 가능한 한 가치개입이 없는 매우 건조한 용어로 표현되어야 한다. 그래야만 한다. 왜냐하면, 가치개입이 시작되는 순간 법질서는 흔들리게 되고 동시에 당해 법, 또는 법 조항은 논란의 중심에 서게 되기 때문이다. 가치개입이 없는, 매우 건조한 용어로 표현된 법도 사람에 따라, 성향에 따라 해석이 천차만별인데 '존중'이니 '우대' 등의 표현은 명확한 범위를 정하지 못하는 것이다. 좀 더 냉정하게 이야기 한다면 아예 '존중'이나 '우대' 따위는 기대조차 하지 말고 개나 줘 버리라는 것에 가깝다. 이를테면, 말 그대로 그저 선언적인 의미밖에 없다고 생각이 된다.

도대체 어느 정도가 '존중'인가? 지극히 상대적인 개념이다. 기준을 제시해야 할 법이 오히려 기준을 뭉갤 수 있는 빌미를 제공한다. 국회의원의 법 제정 수준이 문제인가? 아니면 법 제정에 관여한 사람들이 문제인가? 이 모호한 '존중'이 교육기본법 제14조에 떡 하니 자리를 잡고 있다.

'우대' 역시 천차만별의 해석이 가능한 상대적인 용어다. 기준이 없는 이런 단어가 법조문에 들어 있다는 자체가 교육기본법의 법적인 상황과 위치를 말해준다. 우리 사회에서 교원의 위치를 보여주는 단적인 예다.

조금 더 보자!

교육기본법 제14조(교원) 제③항은 더 가관이다.

> 교원은 교육자로서 지녀야 할 윤리의식을 확립하고, 이를 바탕으로 학생에게 학습윤리를 지도하고 지식을 습득하게 하며, 학생 개개인의 적성을 계발할 수 있도록 노력하여야 한다.

'학습윤리를 지도한다.' 이거 무슨 말인지 모르겠다. 연구 윤리는 있어도 학습윤리는 금시초문이다. 내가 무지한가? 학습윤리를 학교에서 지도하고 가르친다는 말은 참으로 애매하다.

몰라서 검색해 보니 '대학에서 학문을 탐구할 때의 윤리'라는 이야기인데 이 말이 교육기본법에 왜 들어갔을까? 교원의 범위에 대학 교원들도 포함은 되니 전혀 근거 없지는 않지만, 뒷부분의 '지식을 습득하게 하며~', '개개인의 적성을 계발할 수 있도록~'은 대학 교원과는 조금 거리가 있어 보인다. 그러면 앞부분의 학습윤리가 무엇인지 더 혼란스러워진다. 심지어 그것을 지도하라는데 학습윤리를 지도한다는 것은 금방 개념이 잡히지 않는다. 법 제정에 참여했던 국회의원에게 물어보면 알까?

문제는 또 있다.

교육기본법에 '교권' 규정은 눈 씻고 찾아보아도 없다. 교사의 권리라고 명시된 것은 보이지 않는다. 제3조에 학습권만 규정되어 있다. '교권'이 왜 없을까?

권리는 권한과 권능으로 나누어지는데 권한은 일정한 범위 안에서 가능한 주장과 요구의 힘 또는 자격을 말하고 권능은 그 구체적 내용이다.

교사의 권리는 이렇게 권한을 정하고 권능을 정하면 될 일인데 법률은 이를 회피했다. 이유는 자명하다. 구체적인 권한과 권능을 잘 모르거나 교실 현장에서 이루어지는 학생과 교사 간의 그 내밀한 역학관계를 이해하지 못하기 때문이다. 사실 그래서 교사 출신으로 법률을 공부한 사람이 국회로 나아가야 하는데……. 이미 교사 출신의 국회의원이 있어도 그 효과가 없는 것은, 이 나라 정치 현실이 모든 상황을 하향 균질화시키고 마는 심각한 독성에 마비되어 있다는 방증이다.

때문에 지금 학교 현장에서 발생하는 많은 교권 침해 사례가 있음에도 불구하고 교권이 규정된 법이 없으니 모두 학교 현장을 전혀 이해하지 못하는 사법부 판사의 애매하고 무지한 법 해석에 따라 판결이 나고 만다.

해방된 지 무려 80년이 다 되어 가는 우리 교육 현장에 겨우 2022년 교육기본법이 시행되었다니 이 또한 참으로 부끄럽고 또 부끄러운 일이다.

교육과 정치적 중립
그리고 정치적 기본권

정치적 중립

우리 헌법 제7조 제②항은 다음과 같이 규정하고 있다.

② 공무원의 신분과 정치적 중립성은 법률이 정하는 바에 의하여 보장된다.

즉, 공무원을 정치적으로 이용하지 말라는 소극적 보장 조항이지, 공무원의 정치적 활동을 금지하는 적극적 금지 규정이 아니다. 좀 더 쉽게 풀이하자면 정치권력의 변동에 따른 공무원의 신분보장을 규정한 것으로써 공무원의 정치적 행위를 금지한 조항은 결단코 아닙니다.

교사는 공무원이다. 그래서 제7조 제②항은 우리에게 적용된다. 그런데 그 적용의 방향이 공무원의 정치적 활동을 금지하는 것에만 집중하고 있어서 헌법이 애당초 규정하려고 한 정치적 중립의 보장이라는 명문 규정을 빗겨나가고 있고 동시에 권력 집단이 이 규정을 저들의 입맛에 맞게 고쳐서 적용하고 있다.

고등학교에서 고등학교 학생들을 가르치는 공무원인 교사는 정치적 중립이라는 명분으로 현실 정치와 관련된 교육행위가 일부 제한된다. 이를테면 교사가 학생들을 향하여 하는 모든 이야기는 비정치적인 것이어야 한다는 것이다. 최근 정치권력의 부패와 대통령 비선의 국정농단에 대하여, 교육 당국이나 권력 집단은 학생들이 아직 판단력이 미숙하기 때문에 이러한 내용의 수업을 중립적으로 해야 한다고 각종 공문을 통해 직, 간접적으로 교사를 압박한다. 당연히 이 중립은 진정한 의미의 중립도 아니며 고등학생들의 정치적 의식의 성장을 완전히 무시한 태도이다.

학생이나 교사 모두 숨 쉬는 공기 전부가 정치이고 그로부터 출발하는 행동 또한 정치적이다. 이러한 정치적 상황을 이미 알고 있는 헌법제정권력에 의해 중립 보장이 조문화된 것이다. 그렇기 때문에 정치적 상황을 판단하고 그 상황에 맞게 행동하는 것은 헌법이 보장하고 있는 범위다.

물론 교사가 학생에게 영향을 줄 수는 있다. 하지만 그 영향은 극히 제한적이고 동시에 극소수의 학생만이 교사의 태도를 적극적으로 수용한다. 교사의 몇 마디 정치적 이야기로 학생들의 정치적 의견을 바꿀 수 있다는 생각 자체가 오히려 중립이 아닌 편향의 시작이다. 오히려 보다 적극적으로 정치적 견해와 입장을 제공해야 한다. 그리고 교사의 정보를 판단하는 것은 정부나 권력기관이 아니라 학생이어야 한다. 교사의 정치적 기본권이 보장되어야 하는 중요한 이유가 여기에 있다.

정치적 기본권

헌재 88헌마7[2] 판결문에서 헌재는 이런 취지의 판결문을 발표했다. 즉 "이 법률 규정이 합리적인 이유 없이 교원들에게 다른 공무원들과 다른 불평등한 대우를 하고 있으며, 이는 국민의 기본권 중 기본권인 평등권을 침해한다." 하지만 국가공무원법은 아직도 건재하고 여전히 교사의 정치적 기본권은 제한되고 있다.

윤석열 탄핵으로 인한 대선 국면에서 교사의 정치적 기본권에 대한 논의가 진행되었지만, 새로운 대통령 당선 이후 교육을 대하는, 그리고 교사를 향하는 법률 개정이나 새로운 정책은 소식이 없다. 정권이 성립되어 힘이 있을 때 진행되지 못하는 정책은 시간에 의해 소멸되거나 희미해질 수밖에 없다.

---

2   89.3.21.교원의 정치적 활동 자유를 제한하는 국가공무원법 규정에 대한 헌법소원심판

오죽했으면 교사를 정치적 천민으로 표현했을까! 교육정책이 바뀌면 가장 먼저 실행해야 하고, 그 정책이 실패하면 가장 먼저 비난을 감수해야 하는 집단이 바로 교사들이다. 교실에서 시대 상황에 대해 무언가를 말하면 곧바로 '정치적'이라는 비난을 하고 정치적 돋보기를 들이댄다. 그 어떤 사실도 결정할 권능조차 없는데도 결과에 대해서는 엄중하게 책임을 다해야 하는 위치가 바로 교사들이다. 중립 보장이 아닌 중립 의무는 그 어떤 상황에서도 그 어떤 의사표시도 할 수 없다는, 교사를 정치적 천민으로 몰아가는 말이다.

2020년 4월 23일 헌법재판소는 정당법 및 국가공무원법에 대하여 다음과 같은 결정을 내린다. "초·중등학교 교원의 정당·정치단체 가입·관여금지 조항에 대한 헌법소원 사건에서 종전 판례를 변경하고 기본권 구제 범위를 확대하는 결정을 선고한다." 이 결정에 따라 국회는 즉시 법을 개정하거나 혹은 새로운 입법을 해야 함에도 불구하고 변하거나 달라진 것은 여전히 단 하나도 없다. 이것은 입법권력이 의도적으로 임무를 게을리함은 물론이고, 상당 부분 부풀려지거나 심지어 의도적으로 조작된 여론의 뒤에 숨어 교사들의 정치적 기본권을 매우 적극적으로 침해하고 있는 것이다.

틈만 나면 외국의 사례를 가져와 현장을 어지럽히는 교육부, 국회, 기타 정치권력들은 이 문제에 있어서만은 외국의 사례를 인용하거나 밝히는 데 대단히 소극적이다.

독일, 프랑스, 미국 등 많은 국가에서는 교사의 정치적 기본권은 보장되며, 일정한 범위에서 정치적 활동의 자유도 보장하고 있다. 특히, 독일과 미국은 교사가 정치적 견해를 표현하고, 정치 활동에 참여할 수 있도록 법적, 판례적으로 보장하고 있다. 우리와 같이 교사의 정치적 기본권이 제한되는 사례는 OECD 가입국 중 한국이 거의 유일하다.

교육에서
민주와 공화

교장 4년의 경험도 당연히 작용했겠지만, 정년을 앞두고 있으니 학교 전체를 거시적으로 보게 된다. 끊임없이 일어나는 갈등 속에서도 분명히 소소한 행복은 존재한다. 갈등과 행복이 병렬적으로 이어지는 학교 사회를 깊이 생각해 본다.

1987년 처음 교직 생활을 시작할 때부터 지금까지 나는, 교육 현장에서 '민주'의 가치를 실현하기 위해 노력했고 또 정년이 다 되어 가는 지금도 여전히 노력하고 있다고 자부한다. 그런데 정작 교육에서 '민주'의 가치는 어떤 함의가 있는가에 대해 깊이 고민해 본 적은 의외로 드물었음을 최근에야 비로소 발견하게 되었다.

교직을 시작할 당시 내가 생각하는 교육 현장에서 '민주'의 가치는 일제의 잔재로 추정되는 권위주의에 대한 저항과 도전이었고 동시에 학교 교육의 주체들이 학교 안에서 자신의 입장을 견지하고 조정할 수 있는 상황을 만드는 것이라고 생각했다.

하지만 지금, 외견상 '민주'의 가치가 어느 정도 이루어진 학교를 깊이 관찰해 보면 내가 처음 교직 생활을 시작했을 때보다 사실은 더 혼란스러워졌고 참담해졌다. 현재의 학교는 내가 지난 40년 가까이 생각하고 노력해 온 '민주'의 가치가 이루어진 모습은 분명 아니라는 것이 정년을 앞둔 나를 몹시 당황스럽게 한다.

우리나라는 헌법에 명시된 것처럼 공화국 체제다. 여기서 '공화'란 영어 'Republic'을 번역한 말인데 어원상 라틴어 'respublica =절제하는'의 의미가 포함되어 있다. 한자 '공화(共和)'의 의미를 분석해 보면 '함께'라는 '공(共)'과 '서로 응하다'라는 '화(和)'가 합쳐진 단어인데 여기서 '和'를 다시 풀어보면 '화(禾)'(벼를 뜻하고 의역하면 '먹을 것'을 의미한다)와 '구(口)'(입을 뜻하니 이것은 사람들의 '요구'를 뜻한다고 볼 수 있다) 즉, 사람들의 요구(먹을 것에서 비롯된 원초적인 욕구)가 잘 절제되고 조정되었을 때 서로 응해서 화합하는 상태가 된다는 의미다(다른 방향의 해석도 있다).

앞서 라틴어 어원의 '절제'와 한자의 '화합하는'의 의미를 거시적으로 살펴보면, 화합의 대전제가 '절제'라는 것을 알 수 있다. 즉 각자의 욕구와 요구를 일정 범위에서 절제했을 때 화합이 이루어진다는 것이 곧 '공화'의 의미다.

그러면 누가, 무엇을 절제해야 되는가 하는 문제가 발생한다. 누가 절제해야 하는가? 당연히 상대적으로 열악하고 동시에 불리한 입장에 있는 대상을 위해 그 반대편에 있는 사람들이 먼저 절제해야 한다. 물론 그 배려를 받는 열악하고 불리한 쪽에서도 절제는 필요하다. 두 절제가 조화를 이루는 것, 그것이 '공화'의 가치다.

무엇을 절제해야 하는가? 욕망이다. 이 욕망은 다양하게 해석될 여지가 있다. 하지만 일반적인 삶의 공간 내부에서의 욕망은 상대에 대한 우위를 점하는 것으로 표현될 수 있다. 이미 우위를 점하거나 혹은 점하지 못한 쪽 모두 욕망의 강도는 비슷한데 역사적으로 환원해 보면 우위를 점한 쪽의 욕망이 언제나 공화의 가치를 훼손했다. 어쨌거나 이 욕망이 절제되지 않으면 공화의 가치는 일순에 무너지고 만다. 욕망을 절제하는 것은 타인을 위한 것이 아니라 결국은 자신을 위한 것이다. 각자 자신의 욕망을 제어함으로써 다가설 수 있는 가치가 바로 절제인 것이다.

대한민국 헌법 제1조 제①항은 대한민국이 민주 공화국이라고 선언하고 있다. 즉 '민주'의 가치를 우선으로 하고 '공화'의 가치를 그 다음으로 두고 있다. 병렬적이기는 하지만 해석상 선, 후 문제가 있을 수밖에 없다.

'민주'의 가치는 앞서 밝혔듯이 주체의 개별성을 보장하는 것이다. 즉 각자가 존중받아야 하는 것이 '민주'의 가치다. 각자가 존중받는 것이 민주적 질서의 기초라는 것에는 동의하는 순간 이어 나오는 '공화'의 가치가 위협받게 된다. '공화'의 가치는 앞서 말했듯이 절제가 중심이 된 '화합'이다. 그런데 '민주'는 각자 존중의 의미가 강하다. 각자가 타인과 자신을 존중하면서 동시에 절제할 수만 있으면 너무나 완벽하겠지만 그것은 인간 세상이 아니다.

지금 대한민국 학교에서 일어나고 있는 사소하거나 혹은 중대한 문제의 배후에는 이 두 개의 가치가 충돌하고 있다. '민주'의 가치에 의한 각자의 존중과 '공화'의 가치에 의한 절제를 통한 화합이 상충하고 있는 것이다.

학교는 매우 인위적인 규칙과 질서의 공간이다. 인위적이라는 단어는 매우 다양한 함의를 가지지만 여기서는 개인이 속한 사회, 집단, 국가에서 요구되는 기본적인 태도와 절차라고 가정하자. 그 인위적 질서의 발전적 모색을 포함한 세대 간 전달과 체화(體化)가 학교의 중요한 기능 중 하나이다. 이 기능을 위해 국가는 막대한 예산을 쏟아부어 이것을 유지하려 한다.

동시에 학교는 행복한 공간이어야 한다고 말한다. 동의한다. 불행한 공간이 되어서는 곤란하다. 하지만 학교 구성원 다수의 행복이 보장되려면 학교는 먼저 질서의 공간이 되어야 한다. 간혹 질서와 전체주의적 가치를 혼동하는 경우가 있지만, 질서의 기본이 바로 '배려와 존중'이다. 즉 '공화'의 가치인 '절제'다. 그 절제의 바탕이 구축된 뒤에 비로소 개별성의 존중이 고려되어야 한다. 개별성은 이를테면 '민주'의 가치다. 학교에서 이룰 수 있는 행복은 '절제'의 질서 위에 '개별성'이 구현될 때 가능한 것이다.

교육에서 비대칭 이론

비대칭 이론[3]은 조건화된 시장 경제에서 항상 발생하는 '선택'에 대한 비논리적 혹은 불합리한 구조를 수학적 이론으로 설명하기 위하여 등장한 이론이지만, 사회의 다른 구조를 설명하기에도 부족함이 없는 이론이다. 이 이론에서 매개변수는 '정보'인데 정보란 앞서 이야기한 시장 경제의 중요한 변수인 선택의 바탕을 구성한다. 그 중요한 선택의 바탕 위에 다양한 종류의 세부 조건과 거기에 따른 미세한 선택을 필요충분 요건으로 구성하게 되면 정보는 곧장 방향성을 획득하게 된다. 그런데 이 방향성의 원동력은 당연히 인간의 욕망이다.

---

3 정보의 비대칭(Information Asymmetry) 이론: 거래 당사자 간에 정보량이 불균형할 때 발생하는 문제

바꾸어 말하자면 인류는 이 욕망을 충족시키기 위해 정보를 생성하고 교류하며 축적한다는 말이 된다. 축적된 정보는 모든 흐름이 그러하듯이 결절(Node)을 형성하게 되고 이 결절점을 중심으로 불평등한 상황이 구성되게 된다. 그 불평등이 심화되거나 혹은 극단적이 되면 독점이 발생한다. 즉 정보가 독점되면 당연히 정보의 흐름은 중단되게 되고 독점된 정보는 점차 비대해진다.

 이 독점의 원인도 당연히 인간의 과도한 욕망이다. 독점화되고 비대해진 정보와 인간의 욕망이 여러 과정을 거쳐 합성되면, 그곳에 '권력'이 탄생하게 된다. 당연한 이야기지만 인간의 욕망은 권력의 중요한 요소로 작용하는데, 그러한 이유로 권력과 정보는 필요하고도 충분한 전제조건이 된다.

 권력은 근원적으로 지배 복종의 역학관계를 선호하지만, 근대 이후의 권력은 많은 제약조건을 가지게 되었고 표면적으로는 지배 복종의 관계를 필요적 호혜관계로 발전(엄밀하게는 장식)시켜 왔다. 하지만 본질적으로 권력의 속성은 변할 수 없기 때문에 지배 복종의 관계를 유지시킬 수 있는 어떤 새로운 장치를 개발하게 되었고, 그 장치 가운데 하나로서 권력의 자궁이었던 '정보'를 이용한, 은밀하고 동시에 매우 정교하게 구조화된 지배 체계를 탄생시켰다.

 일반적으로 정보를 획득함에 있어 가장 효과적인 방법은 욕망의 본성에 그대로 따르는 것이다. 욕망의 가장 중요한 속성 중 하나는 '은닉'이다. 공개되지 않거나 될 수 없는 일정한 사실은 그것의 경중과 관계없이 다른 이에게는 위협과 예속의 단서가 될 수 있다. 숨겨야 할 사실을 숨기는 것에서부터 숨기지 않아도 되는 사실을 숨기는 것까지, '은닉'은 사실의 경중과 관계없이 궁금함과 더 나아가 두려움으로 인간의 감정을 제어하게 되고 그 감정적 제어야말로 예속의 시작인 셈이다.

표면적이고 엉성한 구조적 지배 복종의 관계를 파기한 근대 이후의 권력들은 이러한 교묘한 방식을 이용하여 새로운 방식(매우 정교하고 비밀스러운)의 지배 복종 관계를 형성하기 시작했고, 마침내 현대에 이르러서는 그것이 모든 권력이 선호하는 하나의 방식이 되고 말았다.

결국, 누가 더 많은 사실(혹은 사실이 아니라도 좋은)을 감추고 있으며, 그 감추어진 사실들을 언제 누구에게 적절히 배분하는가에 따라, 그 정보를 받는 자는 받는 만큼에 대한 반대의 급부로 스스로의 권력을 정보 배분자에게 이양하게 되는 구조가 되는 것이다. 이러한 흐름의 속도와 양을 권력자는 적절하게 조절함으로써 권력은 언제나 자신이 필요한 만큼의 지배와 복종 관계를 유지하게 되고, 오히려 전근대적인 구조화된 지배 복종보다도 더욱 강력한 지배 체계를 유지해 나가고 있는 것이다.

현재 상황을 반추해 보자. 지금 권력을 쥐고 있는, 즉 정보를 장악하고 있는 자들은 누구인가? 언론? 정치적 권력 집단? 민중? 분명한 것은 민중은 정보 장악자가 아니다. 그럴 가능성이 거의 없다.

설사 그러한 정보를 장악하였다 하더라도 그 정보를 장악한 소수는 곧장 민중으로부터 분리되어 새로운 권력 집단을 만들게 된다. 그것은 거의 불변의 법칙이다. 그러면 누구인가? 언론인가? 가능성이 크다고 본다. 자본이 결합된 언론으로 거대한 정보가 흘러 들어가고 당연히 결절이 생기면서 비대해진다. 이 비대해진 정보는 더욱 더 큰 자본과 결탁하여 거대한 권력을 탄생시키게 된다. 정치권력을 창출해 내는 힘도 가지게 되며 동시에 그 정치권력을 파기하는 힘도 언론이 장악하게 된다.

  그러면 민중은 어떻게 이 상황을 이용하여 정말 민중이 원하는 방향으로 끌고 나갈 것인가?

회복해야 할 가치,
'공존'에 대해

12·3 계엄과 그 이후 사태의 추이를 지켜보면서 교사로서 참으로 깊은 자괴감을 느낀다. 자괴감이란 어찌할 수 없는 상황에서 스스로 느끼는 부끄러움이니 이 말 자체가 사실은 매우 수동적이다. 38년의 교직 생활은 스스로 강력한 의지를 외부로 표현하는 태도를 잊어버리게 만든 세월이었는지도 모르겠다.

계엄 이후 온갖 거짓으로 본질을 흐리는 극단적인 무리가 이제는 법을 아예 무시하는 장면에서 분노와 열패감마저 느끼게 된다. 하여 혼란스러움을 다잡고 교사로서 다가올 시대에 대한 교육(흔히 미래 교육이라고 부르는)에 대해 깊이 생각해 본다. 더 이상 현재의 권력층과 같은 괴물들이 우리 사회에 뿌리내리지 못하도록 교육이 가야 할 방향과 그 철학을 생각해 본다.

기술의 발전으로 수많은 도구와 현란한 방법들이 교육 현장에 몰아치지만, 학교와 교사 그리고 아이들을 지탱하는 근본적인 교육의 큰 틀은 변함이 없을 것이며, 그 철학적 기반 역시 반드시 유지되어야 한다. 오히려 이번 사태를 거울 삼아 철학적 기반은 더 강화되고 분명해져야 한다. 철학적 기반이 무너지면 지금의 혼란과 무질서보다 더욱 심각한 상황이 초래될 수도 있다는 불안이 곳곳에 도사리고 있다.

학교에서 아이들을 교육하는 근본 철학에 반드시 포함되어야 할 가치는 매우 다양하다. 그중에서 시간이 갈수록 흔들리거나 희미해지는 것들이 있다. 바로 '공존' 그리고 '자율'과 '책임'이다. 언뜻 보수적인 느낌이 있다. 물론 여기서 말하는 보수는 사회 유지의 가치를 내재화하는 진정한 의미의 보수를 말한다. 하지만 80년대 이후 우리 교육의 중요한 성장 동력인 진보 교육의 가치들이 더욱 새롭고 건강한 모습으로 나아가기 위해서는 교육 철학의 본질에 대한 성찰, 이를테면 보수적 관점도 이제는 고려되어야 한다. 다가올 혼란스러운 미래 세상에서 '공존' 그리고 '자율'과 '책임'의 가치는 학교와 교실, 그리고 교사와 아이들의 관계를 유지하고 강화할 중요한 철학적 토대가 되어야 한다고 생각한다.

프랑스 철학자 장 뤽 낭시(Jean-Luc Nancy)는 2000년 출간한 그의 책 『Être singulier pluriel』(Being Singular Plural, 단수형의 복수, 2000)에서 '공존'을 이렇게 정의하였다. "공존은 공유(sharing)와 분리됨

(dividedness)의 원리로 구성된다."[4]

'공유'는 말 그대로 함께 나눔이다. 이 땅이 산업화되기 이전, 아직은 마을마다 있었던 우물이 '공유'의 대표적 사례다. 생명의 필수 요소인 물을 온 마을 사람들이 한 곳에서 같이 나눠 마셨던 우물은 거의 완벽한 형태의 '공유'다. 물동이나 물지게로 우물물을 자신의 주거 공간으로 옮겼을 때, 비로소 거기에 '분리됨'의 가치가 생겼을 뿐이다. '분리됨'은 '공유'의 상태에서도 존재할 수밖에 없는 완벽한 각자의 것에 대한 설명이다. '공유'할 수 없는 것은 각자가 관리한다. 지금처럼 오직 나의 것이라서가 아니라 함께 나누기에는 오히려 불편하거나, 혹은 '공유'함에 있어 윤리적·도덕적 문제를 수반하는 것들에 대한 관리 방법일 뿐이다. 이 두 개의 가치가 '공존'의 핵심인데, 현재 우리 교육에 시사하는 바가 매우 크다.

천민자본주의의 고질적 병폐인 이기적 소유와 나아가 독점의 망집이 아이들(중고교 학생)에게 스며 자신도 모르게 천민자본주의의 기괴한 변종인 극우를 닮아가는 현재 상황에서 공존의 가치, 즉 '공유'와 '분할'의 의미는 매우 중요하다. 극우로 치닫는 생각의 끝에는 언제나 '자기중심'이 매달려 있다. '자기중심'의 바탕은 그 어떤 것도 절대 공유하지 않겠다는, 그리고 공유할 수 없다는 극단적이고 맹목적인 소유욕이 깔려 있다. 즉 세상의 모든 가치의 기준을 '나의

---

4   Robert D. Richardson and Anne E. O'Byrne 공동번역, Stanford University Press, 2000

것'과 '너의 것'으로 재단해 버린다. 나의 것이 아니거나 될 수 없다면 그 순간 어떤 가치도 없다는 생각이 바로 극우적 사고의 기초인 것이다. 더 많은 우리 아이들이 이 극우적 사고에 오염되기 전에 학교는, 그리고 우리 교사들은 '공유'에 기초한 '공존'의 철학을 심어줄 강력한 필요성이 생기는 것이다.

사실 '공존'의 정신은 동양의 핵심 정신이었다. 『중용』 30장에 중니조술요순(仲尼祖述堯舜)에 '萬物並育而不相害 道並行而不相悖(만물병육이불상해 도병행이불상패)'라고 했다. '만물이 함께 자라되 서로 해치지 않고, 도(道)가 함께 행해지되 서로 어긋나지 않는다.' 서양적 사고가 '소유'의 측면에서 고찰되는 것이라면 동양적 사고는 '관계'의 측면이 더욱 중요하다.

앞부분의 '萬物並育而不相害'가 바로 '공존'의 분명한 모습이다. 함께 자란다는 것은 다양한 함의를 품고 있다. 함께 자라서 좋은 면이 있지만, 어쩔 수 없이 서로 피해를 줄 수 있다. 어쩌면 피해받을 수밖에 없다. 그런데 그 피해를 모두가 나누는 것이다. 특별히 나누어지지 않는 경우(매우 약하거나 성장이 어려운)에는 그 어려운 부분조차도 함께 나누는 것이 '공존'이다. '공존'은 분명히 겹쳐있지만, 서로를 침해하지 않는다. 인간과 자연, 사회가 서로를 침해하지 않으면서도 서로를 지지하고 동시에 각자의 성장을 유지하는 것이야말로 '공존'의 본모습이다.

탄핵과 민주주의 교육

　탄핵 소추가 가결된 후 정치권은 소용돌이에 휘말린 듯하다. 여야를 막론하고 언제나 권력을 향하는 그들에게 의외의 기회가 생겼기 때문이다. 이런 상황으로 볼 때 아직 대한민국 정치권의 민주주의 인식 수준은 장식(裝飾) 수준을 크게 벗어나지 못하고 있다. 이유를 말하지 않아도 되는 것은 지나온 우리 현대사와 지금 정치권이 그대로 보여주고 있기 때문이다.

　하지만 완전히 새로운 상황도 있다. 탄핵 소추 가결에 지대한 공헌을 한 젊은 세대의 민주주의에 대한 인식이다. 그들의 인식과 현재 정치권의 민주주의 인식은 너무나 차이가 크다. 이유를 생각해 본다. 현재 정치권에 있는 대부분의 사람은 학교에서 민주주의를 제대로 배우지 못한 사람들이다. 사회에서도 배울 기회가 거의 없었다. 지금 정치권에 있는 권력 추구 세력은 군부독재 시절에 초중고를 다녔고, 대학을 다녔으니 학교 교육과정을 통해 제대로 된 민주주의와 만날 기회가 없었다. 그들이 학교에서 배운 민주주의는 대부분 반민주적 정치권력에 의해 윤색되거나 왜곡된 민주주의였고, 그나마도 그들은 그런 민주주의를 다만 문서로 암기하는 수준에 머물렀던 것이다.

그 시절 민주주의를 수호하기 위해 수많은 투사가 목숨으로 항거했고, 학교에서는 교사들이 민주주의 교육을 외치다 학교 밖으로 쫓겨나고 더러는 영어(囹圄)의 몸이 되기도 했다. 심지어 민주주의는 피를 먹고 성장한다는 비장한 말이 회자될 정도로 당시 민주주의는 우리 모두가 다가가고자 했으나 결코 다가서기 어려운 이념이자 체제였다. 수많은 고난 끝에 이 나라에서 독재가 끝나고 평화로운 정권 교체가 이루어지는 것을 보며 민주주의의 발전을 느끼기도 했다. 그러한 세월 속에서 현재의 탄핵 정국의 중심이 된 젊은 세대들이 태어났고, 그들의 성장과 함께 이 땅의 민주주의가 조금씩 제자리를 잡아가고 있었다. 물론 그사이 몇 번의 고비가 없지는 않았지만, 비교적 우리 사회 곳곳에서 반민주적인 그리고 비민주적인 상황이 줄어들고 있었다.

그 와중에 이번 계엄 사태가 일어났고 동시에 탄핵이 추진되었으며 그 소추가 가결된 것이다. 이번 탄핵 소추 가결에 지대한 영향을 준 젊은 세대는 비교적 민주화된 정권에서 만든 민주적 교육과정으로 민주주의를 배운 세대이다. 이 세대에게 민주주의는 그야말로 국민이 주인이 되는 정치제도 그 자체였던 것이다. 독재 정권하에서 헌법 정신을 배운 이전 세대에게 국민주권의 의미는 각종 진학을 위한, 또는 출세를 위한 단순 지식이었다면 비교적 민주적 정치 상황 속에서 성장한 젊은 세대에게 국민주권주의는 그들이 직접 몸으로 체험하고 느끼며 동시에 비교적 그 절차에 따라 움직이는 세상이었다.

탄핵 가결을 주도한 새로운 세대의 민주주의는, 연대의 가능성을 믿었고 실천했다는 점이다. 그 실천이 잠재적 관념적 민주주의를 실현 가능한 삶의 민주주의로 만들어 낸 것이다. 그 위대한 진전의 바탕에는 민주적인 교육여건이 작동하고 있었음은 물론이다.

교육과 생태계

최근 '교육 생태계'라는 말을 자주 듣는다. 이상하게도 나는 이 말을 들을 때마다 약간의 저항감을 느낀다. 그 이유를 천천히 짚어 본다. 여기서 '생태계'라는 단어의 의미를 파악하는 것은 크게 의미가 없다. 그리고 수많은 학자가 '교육 생태계'를 표방한다. 이미 주류가 된 느낌이다. 하지만 나는 여전히 조금 삐딱하게 이 용어를 생각한다. 일종의 의심이다. 그 의심의 이유는 다음과 같다.

'생태계'라는 용어의 배후에 도사린 '자본주의'의 그림자, 이를테면 '약육강식', '적자생존'의 이미지에 대한 우려

1935년 영국의 생태학자 아서 탠슬리(Arthur Tansley)가 유기체와 환경 사이의 물질 전달의 중요성에 주목하기 위해 개념으로 처음 사용된 생태계(ecosystem)의 핵심은 '호환성(compatibility)'이었다.

생태학에서 '호환성'은 아마도 물질에 방점이 있었을 것인데, 이후 교육에서 이 용어가 사용되면서 물질보다 더 확대된 개념으로 사용되고 있다. 그리고 '생태계'라는 단어에는 진화론적 사고가 짙게 드리워져 있고, 진화론은 현재 우리가 살고 있는 자본주의 체계를 구축하는 중요한 사고의 체계 중 하나라고 본다면, 자본주의적 '호환'은 강자 중심, 혹은 '지배층' 중심의 호환일 가능성이 크지 않을까 하는 의심이 있다. 여기에 부가하여 '살아남은' 것들과 '살아남을' 것들에 대한 것이 교육의 본질과 연결된다는 것도 나에게는 몹시 회의적인 부분이다.

'생태계'라는 용어를 상호의존성, 재생, 협력, 유연성, 다양성 그리고 이 모든 것들의 결과로써의 지속가능성을 기본 원리로 하는 생태학적 관점으로 보는 것에 대한 의견

풀을 찾아 1,600㎞(한반도의 거의 두 배)가 넘는 거리를 평생 이동하는 동물이 있다. 정식 명칭은 누(Gnu)이고 영어로는 'Wildebeest'라고 부른다. 아프리카 남동부 지역[5]의 '생태계'에서 아주 중요한 위

---

5 세렝게티 평원. 마사이족 언어로 끝없는 평원이라는 뜻

치를 차지하고 있는 이 소과 동물은 거의 수천 마리씩 떼 지어 움직인다. 떼 지어 강을 건너고 떼 지어 초원을 횡단하는 그들은 주변의 포식자들인 사자, 하이에나, 표범, 치타, 들개들에게는 참으로 고마운 존재들이다. 때가 되면 어김없이 나타나 먹이를 제공해 주고, 다시 사라져 주는 존재들. 오랜 세월 동안 지속되었을 이들의 이동을 두고 학자들은 별별 가설을 다 세우지만, 여전히 아무도 이동의 정확한 원인을 모른다. 오로지 누 떼들만 알 것이다.

나의 관심은 누 떼들과 사자를 비롯한 먹이 사슬의 정점에 있는 동물들의 관계다. 사자들은 무리를 지어 다니는 누 떼 중 새끼나 노쇠한 누를 공격하여 먹이를 얻는다. 비정하지만 누 입장에서는 무리의 규모 조절 측면에서 유용한 방법이다(이것도 협력이라면 협력일 수 있다). 멀리 움직이는 이들의 본능으로 볼 때 낙오자들 탓에 속도가 느려지고 속도가 느려지면 목초지를 얼룩말이나 다른 영양 무리에게 뺏기게 된다(유연성). 이 문제점을 사자가 해결해 주는 것이다.

강을 건널 때는 악어에게도 이런 방식으로 먹이를 제공한다. 따지고 보면 아프리카 남동부 '생태계'를 건강하게 유지해 주는(지속가능성) 존재들이 누 떼이다.

상호의존성 또한 누 떼와 목초지, 사자, 하이에나, 악어로 한정한다면 무리한 해석은 아닐 것이다.

누 떼와 사자 무리, 악어 사이에 오고 가는 '호환성'이 그리고 수천 년 동안 지속(지속가능성)해 온 이런 '생태계'가 교육에 모티브가 될 수는 없지 않을까? 나의 잘못된 관점과 분석이기를 간절히 빈다.

> 모든 생명은 특정한 '생태계' 내부에서 존재한다. '생태계'는 특정 지역의 생물군과 무기적 환경 요인이 종합된 복합 체계를 의미한다. 생명체는 '생태계' 내부의 다른 생명체, 나아가 무생물적 조건과 상호 영향을 주고받으며 성장 진화한다. 학교 역시 마찬가지다. 학교 교육을 둘러싼 여러 사회 문화적 조건들의 영향을 받으며, 또한 학교 교육이 사회에 지대한 영향을 미치며 존재하고 있는 것이다. _『유령에게 말 걸기』 김진경 외, 문학동네, 2014.

앞부분에 시비를 걸 생각은 없다. 다만 중간쯤 등장하는 문장, 즉 '학교 역시 마찬가지다'에서는 조금 생각이 다르다. 성장 진화하는 것이 구체적으로 무엇인지에 관한 이야기는 없다. 저자의 취지에 반대하는 것이 아니라 무턱대고 '생태계'라는 아이디어를 교육에 가져오려는 논리적 비약에 반대하는 것이다.

'문화적 조건'이나 '사회'라는 단어의 광범위성은 차치하고서라도 교육이라는 범주에서 성장이나 진화, 이 거대 담론의 근거로 '생태계'를 가져오는 것은 또 다른 해석의 문제와 적용의 문제를 낳음에도 불구하고 그저 '학교 역시 마찬가지다'로 이야기로 세부적인 문제점을 덮으려는 것이다.

교육에서 성장은 아프리카 누 떼의 이동처럼 우연하게, 혹은 무목적적(물론 우리의 과학이 접근하지 못한 세계이기는 하다)으로 일어나지는 않는다. 교육에서는 반드시 성장의 동기와 원인이 계획적으로 제공되어야 한다. 다만 그 결과를 제공의 방식과 동일하게 요구하지 않고 기다리고 인내할 때 성장의 결과가 나타날 가능성이 있다. 인용된 글처럼 단순하게 그리고 산술적으로 서로 주고받는 것이 아니라는 것이다. 왜냐하면, 교육적 성장은 사람의 일이다. 그 성장의 배경은 인류 역사 내내 이어져 온 철학이기 때문이다.

진화라는 용어도 문제는 있다. 사실 생명과학에서 대부분의 학자는 '진화'는 무방향성이라는 데 동의한다. 이를테면 진화는 우리의 선입견과는 달리 '선'과 '악'의 판단이 없는 무 지향적 사태라는 것이다. 그런데 이 글에서는 마치 '선'의 방향으로만 나아가는 것처럼 묘사하고 있다. 즉 성장이라는 단어와 병용함으로써 진화가 정(正)의 방향인 것처럼 오해할 수 있다.

생태계라는 말 속에 들어있는 자본주의적 관점 그리고 각 용어의 개념을 조금만 자세히 보면 '교육'에 생태계라는 용어는 매우 조심스럽거나 혹은 조화하기 어려운 용어임이 분명해 보인다. 미미한 나의 의심으로 끝날 문제는 아닌 것이다.

절대 악 그리고 교육

현상

1954년 톨킨(John Ronald Reuel Tolkien)이 발표한 소설 '반지의 제왕'은 기독교와 북구의 신화, 그리고 유럽 전래의 각종 신화를 잘 버무린 판타지 소설이다. 2001년에는 영화화되었을 만큼, 극단적인 선과 악이 충돌하는 흥미진진한 이야기다. 그런데 현실에서 절대로 일어날 것 같지 않은 그 이야기가 21세기 대한민국에서 비슷하게 펼쳐지고 있다.

절대 악의 근원인 반지를 없애기 위해 반지 파괴 원정대를 조직하고 마침내 악의 근원인 반지를 파괴하는 과정의 여러 장면에서 우리는 사우론(Sauron)이 가진 절대 악의 위력과 공포를 느낄 수 있었다. 동시에 사우론을 맹목적으로 따르는 오크(Orc) 족속들이 생김새

와는 달리 그저 허깨비들이었다는 것도 알게 되었다. 어쩌면 절대 악의 본질이 허깨비와 다르지 않다는 톨킨의 생각이 이야기 속에 들어 있었을 것이다.

톨킨은 소설에서 오크를 뒤틀린 외모와 악랄한 천성을 가진 무리로 묘사했는데, 영화화된 '반지의 제왕'에 등장하는 오크들도 비슷한 모습이었다. 그 어떤 판단도 없이 오로지 영혼을 사우론에게 저당 잡힌 허깨비 같은 존재들이 오크들이다. 절대 악에 의해 평화를 위협당한 인간과 요정들이 힘을 합쳐 절대 악을 파괴하는 과정을 보면서 우리는 절대 악의 실체를 어렴풋이 알게 된다. 이를테면 '절대 악'은 사우론의 흑마법이 아니라 우리 모두에게 늘 도사리고 있는 '무지'와 '편견' 그리고 '맹목'과 '무질서'의 총합이었던 것이다.

살아오면서 우리는 대한민국에 득시글거리는 오크들을 보았고 또 보고 있다. '무지'와 '편견'이 마침내 '맹목'이 된 무리 그리고 그 '맹목'을 이용하여 이익을 추구하는 사우론 같은 무리, 또 법과 질서를 왜곡하고 오직 자신과 자신들이 속한 집단의 욕망에 사로잡혀 모든 현상을 왜곡하는 무리…….

그리고 그들이 조장해 낸 '무질서'에서 번지는 정신적 역병이 일상의 평화를 위협하는 것을 목도하고 있는 것이다. 오크들의 '맹목'과 '무질서'를 기초로 하여 유지되는 악의 소굴 모르도르(Mordor)처럼, 지금 대한민국 역시 비슷한 무리에 의해 악의 화염이 이글거리는 곳이 되고 만 것이다.

교육

　이 땅이 악의 소굴 모르도르처럼 되어가는 상황에서 교육이라고 온전할 리 없다. 어쩌면 가장 먼저 영향을 받고 있을지도 모른다. 매우 지엽적이지만 만만하지 않은 예를 들어보자.

　최근 공지된 대학 정보 공시 사이트 '대학알리미'에는 2023년 서울대, 연세대, 고려대 입학생 1만 3141명 가운데 서울 지역 고교 출신은 4202명으로, 전체 32.0%였다. 서울 지역 전체 4년제 대학 입학생 중 서울 출신은 16.4%였다는 점을 고려하면, 이 32%의 수치는 평균의 두 배 수준이다. 학교별로는 서울대 입학생 3746명 중 서울 출신이 1361명으로 36.3%를 차지했고, 연세대는 입학생 4358명 중에 31.6%인 1375명이, 고려대는 5037명 가운데 29.1%인 1466명이 서울 출신으로 나타났다(2023년 신입생 기준, '대학알리미'). 갈수록 구조화되고 있는 서울 집중 현상이 이제는 대학입학까지 확장되어 '서울 공화국'은 더욱 공고해지고 있는 것이다.

　내가 살고 있는 지방 소도시 인문계 고등학교는 이미 오래전부터 서울 지역 유명 대학에 가는 것이 현실적으로 어렵다는 것을 아이들은 알고 있다. 해가 갈수록 서울 경기 지역과 벌어진 성적의 격차는 이제 도저히 따라잡을 수 없는 지경에 이르렀다. 이제는 서울에 있는 대학에 가는 것조차도 쉽지 않은 일이 되었다. 더 어렵고 힘든 것은 지방에서 대학을 졸업하고 흔히 말하는 대기업에 취업하는 것이다. 취업은 대학입학과는 비교되지 않을 만큼 더 어려워진다. 취업이 어려워지면 수많은 지방 대학 졸업자들은 공무원 시험으로 전향하여 다시 대책 없는 고난의 몇 년을 보낸다. 어쩌면 이 상황에 있는 이들에게 대한민국은 화염 속에서 이글거리는 모르도르일지도 모른다.

그럼에도 불구하고 대한민국 대부분 고등학교는 아직도 여전히 수능과 대입에 모든 것을 건다. 별 대안도 방향도 없이 그 일에 고등학교 3년을 쏟아붓게 만든다. 교묘한 위계적 교육정책 속에서 펼쳐지는 서울 중심의 세상을 동경하는 아이들은, 대책 없이 '인서울(in seoul)'을 꿈꾼다. 말릴 수도 동시에 비난할 수도 없는 현실이다. 3학년이 되고 수능이 끝나면 그때 비로소 현실을 파악한다. 그 와중에 무너지는 아이들의 좌절이 그저 안타까울 뿐이다.

절대 악은 언제라도 '무질서'를 조장하고 그 '무질서'에 기초하여 '편견'을 부추긴다. '편견'은 현실 판단력을 잃게 하고 마침내는 자신의 상황에만 집중하는 '맹목'이 된다. 내가 가르치는 아이들이 고등학교를 졸업하고 자신의 꿈을 위해 노력하고, 자신을 위해 노력하는 만큼 세상을 위해서도 노력하는 아름다운 사람으로 성장하기를 바라지만, '맹목'과 '편견'이 난무하는 악의 제국에서 제대로 성장할 수는 있을까 하는 생각에 마음만 무거워진다.

2장

학교와 민주주의

학교 민주주의 실현을 위한 고민 1
- 학교 민주주의를 방해하는 것들 -

학교는 정말 민주주의의 정원이 될 수 있는가? 이를테면, 정원을 잘 가꾼다는 것은 각각의 꽃과 나무가 그 특성을 최대한 유지하면서 동시에 전체적으로 조화를 이룰 때 가능하다. 마찬가지로 학교 민주주의의 정원도 각 구성원이 최대한 자신의 특성을 유지하지만, 그러한 특성이 조화로움의 방향으로 나아갈 때 가능한 것이다.

자발성의 제한 또는 금지

민주주의의 여러 특징 중에는 구성원들의 '자발성'이 중요한 요건으로 거론된다. '자발성'이란 문제 상황에 적극적으로 대처하고, 타인의 요구나 강요에 의하지 않으며, 자신의 내적 동기에 의해 필요한 아이디어를 내려는 성향이다. 그런데 학교 사회는 이 '자발성'의 발휘가 기본적으로 제한되는 공적 기관이다. 즉, '법'과 '규정', 그리고 '지침'이 존재하는 학교 조직 내부에서 '자발성'은 자칫 '불법', 그리고 혼선과 분란의 근거가 될 수 있다.

'자발성'의 기초 중 하나는 '창의성'이다. 현재 상황에서 학교에서 '창의성'을 가져야 하고 길러야 할 거의 유일한 대상은 '학생'뿐이다. 그런데 그 '학생'의 창의성을 기르는 교육활동의 담당자인 '교사'는 자발성을 가지는 것에 심각한 제한을 받는다. 대단히 역설적이다.

대부분의 교사는 아이들의 '자발성', 즉 '창의성'을 기르기 위한 수업을 해야 한다는 부담을 가지고 교육활동을 한다. 그런데 교사 자신들은 공적 조직 내부의 역할을 담당하기 때문에 기본적으로 수업 외에는 '자발성'이 제한될 수밖에 없다. 역할의 부조화다. 대부분의 교사는 바로 이 지점에서 내부적 '역할 갈등'이 있다. 특히, 교직 생활을 시작하는 젊은 교사들은 이 지점에서 대부분 혼선을 겪지만, 정작 그것이 이런 구조에서 생기는 일이라는 것을 알지 못한다.

아이들을 창의적으로 교육하기 위해서 갖춰야 할 교사의 '창의성'은, 자발성의 근거가 되는데 안타깝게도 공적 기관 내부에서 교사의 '자발성'은 거의 무용하거나 혹은 학교 행정 업무처리에 방해 요소가 될 수도 있다. 따라서 학교 조직은 비자발적 구조로 정착될 가능성이 크다.

피라미드식 위계구조

학교 내부의 조직은 여전히 피라미드식 '위계 구조'를 가지고 있다. 그 단적인 예가 공문의 결재선이다. 학교가 공적 기관이며 위계서열이 분명한 조직이라는 것은 결재선에 그대로 나타난다. '기안-협조-검토-결재' 속에 담긴 위계와 서열의 정신은 말하지 않아도 충분히 알 수 있다. 그런데 교사들 상호 간은 수평구조라고 강조하고 동시에 그렇게 위로한다. 나는 개인적으로 결재선 정점과 말단을 모두 경험하면서 이 구조야말로 학교 민주주의를 막는 가장 나쁜 구조일지 모른다는 생각을 버릴 수 없었고 지금도 그 생각은 유효하다.

앞서 이야기했듯이 학교는 공적 기관이다. 이 결재선을 유지해야 하는 곳이며 그렇게 책임 구조를 정해 놓아야만 임무 수행이 가능한 곳이다. 인정한다. 그러면 '학교 민주주의~' 이런 단어는 쓰기 곤란하다. 일부는 민주적이고 일부는 비민주적인 구조가 존재하는 변종의 기관이 학교란 말인가? 어느 것에 중점을 두어야 하는가의 문제인데 내가 경험해 온 바에 의하면 학교는 여전히 비민주적 공적 기관의 역할에 더 방점을 둔다.

그렇게 보니 학교는 해방 이후 변한 것이 거의 없다. 구조적 강직성이 다만 시간에 따라 유연해진 것 외에는 이렇다 할 변화가 없었다. 89년 전교조의 탄생과 그 후 많은 노조의 탄생이 있었지만, 학교는 아직도 민주적이지 못하다. 아직도 '위계 서열'에 따라 교내 권력이 질서 정연하게 분배된다. 좀 다른 부분이기는 하지만 아직도 '창의성'에 기초한 자발적인 교육활동조차도 사실상 제한받기 일쑤다. 이름도 거창한 국가 교육과정이 있기 때문이다. 고등학교에 한정되는 일이지만, 그것에 따르지 않으면 유수한 대학 입시에 실패할 가능성이 크고 심지어 특정 대학에서는 특별히 요구하는 교육과정이 있을 정도다. 누구도 쉽게 교육과정을 개방하지 않으려 한다. 보이는 그리고 보이지 않는 불이익에도 불구하고 학교에 위임된 범위 내에서 과감하게 교육과정을 열고 창의성에 기초한 자발적인 교육과정을 운영할 교장도 교사도 없다. 학교를 흔드는 학부모 민원과 교육청의 은근한 압박이 있기 때문이다.

학교 민주주의 실현을 위한 고민 2

학교 민주주의의 방향

대한민국 시도 교육청에 반드시 존재해야 하는 기관이 교육연수원이다. 통상 교육연수원장에 임명되는 사람들은 내가 아는 바에 의하면(경남뿐만 아니라 타 시도 교육청도 포함) 교육감과의 특수 관계에 의해 임명되는 것이 대부분이다. 내 교직 생활 동안 교육연수원장에 임명되는 사람들의 면면을 보면, 교사 연수의 근본 문제를 고민하고 그런 방면에 업적을 쌓은 사람은 별로 없었다. 사실 현재의 교육여건에서 이런 조건에 해당하는 사람들을 찾기는 쉽지 않다. 특히, 부조리한 승진 구조를 통해 그 정도 위치에 오른 사람이나 교육감 선거 승리에 도움을 준 사람 중, 그런 고민을 바탕으로 성과를 축적해 온 사람을 나는 교직 생활 동안 단 한 번도 본 적이 없다.

교육감의 의중을 잘 파악하거나 아니면 교육감의 의도대로 연수원을 운영할 수 있는 인사가 임명되는 것이 보통이다. 한 마디로 교육청 내부의 정치적 영향력이 있는 사람이 대부분 임명된다. 하기야 교실 수업에서 벗어나는 순간, 교육이라는 기치(旗幟)만 있을 뿐, 가르치는 일보다는 정치에 더 관심을 기울이는 것이 지금 교장을 포함한 교육 관료들의 현실이다.

교장으로 지낸 4년 동안 나 역시 그런 정치 행위에 자유로울 수 없었음을 자인한다. 피하지 못하는 경우도 있었고 의도적으로 수용하려는 경우도 있었지만, '선'과 '악'의 기준으로 구분하기는 곤란한 부분도 있다.

어쨌거나 연수원의 연수 프로그램은, 교육의 방향과 학교 민주주의의 실현과 밀접한 관련이 있다. 그러면 학교 민주주의라는 슬로건을 염두하고 지금 운영되고 있는 연수 프로그램을 분석해 보자.

연수를 개혁하라

먼저 교장 대상 승진 연수 프로그램이다. 2019년 교장 연수를 받으며 나는 교장 연수가 얼마나 형식에 매몰되어 있는지를 알 수 있었다.

일방적인 학교 운영 성공사례 발표가 대부분이고 특별히 전문가라고 모신 분의 강의는 늘 교육 현실과 직접적인 관계가 없는 강의로서 거의 산으로 가는 형국이었다. 학교 현실과 무관하거나 단순히 학교 제도를 기초로 만들어진 연수 프로그램으로는 교장이 되어서 학교 현장에서 직접 문제를 해결할 수 있는 어떤 방향도 또 방법도 얻을 수 없었다. 사례는 그저 사례일 뿐이다. 사례의 그 학교, 그 지역, 그 사안에 맞는 일일 뿐 각각의 학교에서 해결하고 처리해야 할 구체적이고 실질적인 연수는 거의 없었다. 가끔 구체적인 사례가 있기는 했지만, 그 역시 단위 학교에서 일반적으로 적용할 수 있는 것은 아니었다. 지극히 개인적이기는 하지만, 나의 4년 교장 임기 동안 내가 이수한 교장 연수 과정의 그 어떤 부분도 전혀 도움이 되지 않았다.

간단히 예를 들어, 지금처럼 학부모 민원이 넘치는 상황이라면 이 문제를 구체적으로 처리할 수 있는 공식적 절차(매뉴얼)를 연수 프로그램에 넣어야 한다. 바로 여기서 다양한 사례가 필요하고, 각 사례를 유형화하여 그것에 맞는 절차를 개발해야 하고 또 법률에 맞는 대응 방안을 마련하여 그것을 확산시키는 것이 연수원의 역할이라고 생각한다. 연수 내내 듣는 개별 사례는 정말 그 사례에 해당할 이야기일 뿐, 일반화 가능성은 제로에 수렴한다. 즉, 그 사례에 맞는 상황과 대처는 그 사례에 한정된다. 따라서 이런 연수를 듣는 교장 후보자들은 자신이 근무할 학교에서 골치를 썩일 일이 일어나지 않기를 바라면서 연수를 듣는다. 그것은 연수의 목적도 방법도 아니다.

교장이 되고 난 이후 연수의 문제는 더 심각하다. 특히, 일과 운영 중에 아무 때나 불러서 연수하는 것을 연수 대상자인 교장이나 연수를 운영하는 사람들이나 아무렇지도 않게 생각한다. 교장은 수업을 하지 않으니, 언제든 부르면 달려가는 사람들이라고 생각하고 동시에 교장들 역시 그런 사실을 교사와 다른 특권으로 생각한다. 교장은 학교 운영의 중책을 맡기 위해 천신만고 끝에 도달한 학교 행정의 핵심 위치다. 여유를 가지기 위해, 심지어 즐기기 위해 그 자리에 간 것은 절대 아니다.

자주 사용되는 말로 학교는 공동체다. 아니, 공동체여야 한다. 교장은 그 공동체의 핵심 운영자다. 핵심 운영자가 자신의 연수를 위해 일과 중에 자리를 비우는 것은 공동체 전체를 위해서 한 번쯤 고려해 보아야 한다. 정말 피할 수 없는 긴급한 연수 외에는 교사처럼 주말이나 방학 중 연수로 전향해야 옳다. 이 시간문제만 조정해도 학교 민주주의의 분위기는 사뭇 달라질 것이다. 모두가 함께 움직이고 있다는 공동체 의식은 민주주의의 가장 중요한 기초다.

교장이 학교에서 수업 활동의 충실한 지원자가 된다는 것은 수업 현장의 다양한 문제를 항상 조정 관리하는 것을 의미한다. 즉 교실에서 수업하는 교사와 학교장이 늘 함께한다는 인식이 유지될 때 교사는 학교장을 신뢰하고 학교장은 그 공동체에 대한 책임을 다하는 것이 된다. 아주 특별한 경우에 구체적인 상황을 해결하는 경우를 포함해서 학교장 스스로 언제나 수업 현장에 함께 한다는 마음이 있어야만 학교의 민주적 상황은 진전될 수 있다. 이것을 수업의 간섭이나 지나친 장학활동으로 오해한다면 그렇게 이해하는 사람의 자질 문제라고 생각한다. 학교장이 함께한다는 것은 수업 상황에 대한 인식의 공유를 말한다. 즉, '함께! 같이!' 움직인다는 움직인다는 인식의 공유가 이 문제의 핵심이다. 교장이 일과 중에 학교를 벗어나 있으면 이 공유 의식은 너무나 쉽게 파기되고 만다.

즉 학교에서 교장과 교사의 관계가 학생 수업이라는 중요한 과제를 공동의 문제로 고민하는 것으로 나아갈 때, 학교 민주주의는 시작될 수 있을 것이다. 그 선결 요건으로 평일 일과 중 연수는 매우 신중하게 편성하여야 한다고 생각한다.

아주 일부이기는 하지만 도 교육청 외 타 기관에서 주관하는 연수에 참여하여, 정상적인 일과 운영 중에 학교를 2~3일을 비우는 교장들도 있다. 심지어 그 연수의 경비도 학교 예산으로 충당한다. 이것은 학교 공동체를 와해하고 민주적 분위기를 해치는 출발점이 될 수도 있다. 그런 연수의 안내문은 흔히 팩스로 송부되곤 한다. 편법이지만 공문 형식으로 오는 것은 교사 전체에게 공개되는 문제가 생기기 때문이다.

교사 연수 역시 많은 문제를 안고 있다. 현재 연수원에서 중점을 두는 것은 연수 과정의 다양화에 있는 것처럼 보인다. 연수 과정의 다양화도 사실 매우 중요하다. 하지만 과정의 다양화보다 더 중요한 것은 연수의 대상이라고 생각한다.

현재 현장 초임 교사들은 누구나 학교 적응의 문제를 가지고 있고, 그 문제는 수업의 질과 방향에 큰 영향을 미친다. 연수 대상자를 초임 교사로 특정하는 연수는 임용 당시 연수를 제외하고는 거의 없다. 가장 절실하게 연수가 필요한 사람들이 초임 교사들인데 연수원 연수는 모든 교사에게 동일하게 열려있다. 어떻게 보면 초임 교사만을 연수 대상자로 하는 것은 초임 교사가 아닌 사람들에게는 차별로 느껴질 수는 있다. 하지만 가장 연수가 절실한 사람들이 바로 초임 교사들이다. 수업, 학생지도, 업무 능력, 교사 상호관계 등 매우 다양한 측면에서 그들을 지원해야 함에도 대부분의 연수는 대상자가 교사, 교육전문직원이다. 즉 초임 교사만을 위한 프로그램은 거의 없는 것이 사실이다. 다른 시도 교육청도 사정은 비슷하다.

초임 교사에게 관대해질수록 학교 민주주의는 성장한다. 이것은 학교 현장에서 약자에 대한 배려라고 이해해도 무방하다. 초임 교사들이 학교에 정상적으로 정착하는 것이 학교를 안정화시키고 동시에 학교 민주주의 뿌리를 튼튼하게 하는 것인데 현실은 그들에게 그 어떤 특별한 기회도 제공하지 않고 모든 연수 상황에서 경력 교사와 동일하게 취급한다. 심지어 연수 인원이 많으면 고경력, 나이순으로 인원을 제한하기도 한다. 연수에 있어서 교장 선생님들에 대한 대우에 상당하는 대우를 초임 교사에게 하는 것이 학교 민주주의를 한 단계 발전시키는 초석이 된다고 믿어 의심치 않는다.

학교 민주주의 실현을 위한 고민 3

승진제도와 학교 민주주의

인사혁신처는 공무원 승진제도의 의의를 이렇게 표현했다.

> 승진은 하위계급에 재직하고 있는 공무원을 상위계급에 임용하는 것으로 일반승진, 공개경쟁승진, 특별승진, 근속승진으로 구분되며 일반적으로 승진후보자명부 고 순위자 순으로 승진배수 범위에 포함되는 자 대상으로 보통승진심사위원회 심사를 거쳐 승진대상자를 결정하고 승진 임용을 한다.

그 근거는 국가공무원법 제40조에 규정한 근무성적평정·경력평정 및 그밖에 능력의 실증에 따르고 교육공무원은 교육부령으로 규정되어 있고 다시 각 시도 교육청 교육감의 규칙으로 보완된다.

근무성적평정에 관한 규정은 각 시도 교육청에 따라 약간의 차이가 있는데 그 지역의 특수성이 고려된 결과이다.

교사가 승진을 통해 나아가는 방법은 근무성적평정을 통해 승진하는 것이 가장 일반적이다. 그 외에도 장학사 및 연구사가 되기 위한 시험이 있으며, 기타 특별한 방법이 있을 수 있다.

교사의 승진은 보상이 아니다. 보상(報償)은 '어떤 것에 대한 대가'(국립국어원 국어대사전)로 설명되어 있다. 승진이 보상인지 아니면 단지 과정일 뿐인지 따져보지 않을 수 없다.

먼저 '대가'의 문제이다. 승진이 '대가'인지 아닌지를 알기 위해서는 승진 과정의 난이도와 경쟁의 정도를 먼저 알아보아야 한다. 경쟁과 난이도를 가장 확실하게 알 수 있는 것은 승진을 위한 근무성적평정규정 중 승진점수를 부여하는 방법이다. 즉 그 제도 안에서 그 점수를 획득하는 과정이 어떠한가를 판별함으로써 난이도와 경쟁의 정도를 가늠할 수 있기 때문이다.

먼저 승진 근무성적평정규정(2023년 7월 10일 자 중등교육과 발표 자료 기준-중등, 초등도 별 차이가 없다)을 분석해 보자. 승진점수는 '공통가산점'과 '선택가산점'으로 나눌 수 있고 '선택가산점'은 다시 '경력가산점(17개 항목 44개의 구체적 규정)'과 '실적가산점(10개 항목 12개 구체적 규정)'으로 분류된다. 전체 27개 항목 56개의 규정에 해당하는 점수를 모두 다 획득할 필요는 없다. 그중에서 상대적으로 높은 점수를 획득하는 것이 유리하다. 이를테면 '경력가산점' 중 연구학교 점수는 교육부 장관 지정 학교에 근무하는 것이 '월 0.018'점으로 가장 높다. 이런 학교에 만 5년을 근무하면 무려 '1점'의 경력가산점을 획득하게 되는데 해마다 교감 승진 후보자를 결정하는 점수의 급간이 0.01점 차이(심지어는 0.001점 차이일 때도 있다)로 당락이 결정되는 것으로 본다면 '1점'은 엄청난 점수가 아닐 수 없다.

이렇게 규정된 점수를 획득할 수 있는 학교, 즉 교육부 장관 지정 연구학교에 가야만 그 점수를 획득할 수 있는데, 그 학교에 가기 위해서는 인사이동 점수가 또 앞을 가로막는다. 즉 마음먹는다고 갈 수 있는 것이 아니라는 뜻이다. 인사이동 점수 또한 만만하지 않다. 목표하는 학교로 전출하기 위해 당해 학교에서 인사이동 점수와 관련 있는 업무나 활동을 지속적으로 수행하여야만 인사이동 점수를 채울 수 있다.

마침내 어렵사리 목표로 하는 학교에 전입이 되어도 그 학교에 가서 다시 '실적가산점'에 해당하는 업무와 활동을 유지하여야 하는데, 전체적으로 이 과정에 최소 6~7년에서 길게는 10년을 넘게 공을 들여야 한다. 그렇게 해서 규정된 범위의 점수를 획득한다고 해도 또 하나의 힘든 관문이 남아있다.

그것은 단위 학교의 교사 근무평정이다. 근무평정은 단위 학교 교장의 권한이다. 물론 교사들이 평정하는 점수가 일부 있다. 하지만 교장이 부여하는 점수를 합하여 '수' '우' '미'로 분류하고 그중 '수'

를 받아야 하며, 더불어 '수'가 여러 사람일 때는 첫 번째 '수' 즉 '일수'를 받아야만 한다. 그리하여 도내에 승진하고자 하는 교사들을 점수로 순위를 정하여 그중 당해 연도 교감 승진 후보자를 결정한다. 인원수에 따라 위에서 언급한 미세한 점수 차이로 승진 후보자의 탈락이 결정되기도 한다.

이렇게 놓고 보니 그 경쟁과 난이도는 거의 살인적이다. 이 과정을 뚫고 마침내 교감 연수 후보가 되었다는 것은 어떤 의미에서든 보상이 필요해 보인다. 즉 '대가'에 대한 보상이 승진 후에 지불되어야 하는 구조로 승진제도가 설계되어 있는 것이다.

엄청난 난관을 뚫고 교장으로 승진했으니 어쩌면 보상 심리는 당연하다 못해 필연적이다. 교장으로 승진하기 위해 먼저 교감이 된다. 교감으로 승진하면 끝나는 것이 아니다.

교감이 되어서도 절대 안심할 수 없다. 다시 교장이 되기 위해서는 당해 학교 교장의 점수와 교육청에서 부여하는 점수가 만족되어야 하고 그 모든 과정을 거쳐 교감이 된 지 4~6년이 지나야 교장 승진 후보자 대열에 설 수 있다. 교장 후보자 연수를 마친 사람 중 교육부의 심사를 거쳐 마침내 교장으로 승진하게 되니 어찌 보상을 바라지 않을 수 있을 것인가!

문자 그대로 천신만고 끝에 교장이 되는 것이다. 공모교장이었던 나는 교장 임기 동안 천신만고의 과정을 거쳐 승진하신 교장 선생님들 속에서 묘한 이질감을 느끼며 4년을 보낸 기억이 있다. 공모교장은 이런 점수가 필요 없었기 때문에 나는 점수를 받으려는 어떤 노력도 기울이지 않았고 따라서 역설적으로 그리고 당연히 교장 4년 동안 단 한 번도 교사의 마음을 버린 적이 없다.

충분한 '대가'를 지불했다고 생각하는 승진 교장들은 당연히 교장이 되는 순간, 교장이라는 위치와 권한은 지난날의 고생에 대한 보상이라고 생각할 수밖에 없다. 따라서 교장을 단순히 학교 안에서 직무와 책임으로 분류되는 자리라고 생각한다는 것은 쉽지 않다. 즉 누구나 교장의 역할을 할 수 있다고 생각하지만 아무나 교장의 위치에 이를 수는 없다고 생각할 수밖에 없다. 그래서 교장이 되는 순간 스스로 자신의 위치를 확인하고 그 자리를 얻기 위해 지나온 지난날의 노력과 고생을 어떤 방식으로든 보상받으려는 마음을 버릴 수 없게 된다. 이를테면, 승진제도 속에서 살아남은 스스로를 대견하게 생각하며 그 자리가 제공하는 것들을 향유하려고 한다.

승진제도를 혁파하라

감히 단언컨대 현재의 승진 구조라면 학교 민주주의는 그저 수식어이거나 미사여구일 뿐이다. 대한민국 대통령처럼 선출 권력도 국민을 대하는 태도가 당선 이전과 이후가 달라지는데, 하물며 교장은 선출 권력이 아니라 천신만고 끝에 획득한 완벽한 개인의 노력 결과이다. 엄청난 경쟁을 뚫고 온갖 어려움과 심지어 비난조차 감수하면서 그 자리에 오른 교장들이 교사들과 민주적 학교를 만들어 낼 수 있을 것인가? 지금껏 자신이 쌓아온 그 모든 과정을 내려놓고 수평의 위치에서 교사를 대하고 학교 현안을 논의하자는 것은, 교장이 되기 위해 지나온 자기 삶에 대한 심각한 부정으로 받아들일 수밖에 없을 것이다.

  승진 구조를 바꾸지 않는 한 현재의 상황을 바꿀 수는 없다. 즉 현재 상황이라면 학교 민주주의는 개 풀 뜯어 먹는 소리가 될 공산이 크다. 학교가 민주적 분위기로 바뀔 수는 있지만, 그것은 분위기일 뿐, 민주적 의사결정이나 민주적 절차로 나아가기에는 분명한 한계가 존재한다.

  할 수 있는 일이 없다. 법도 명령도 규칙도 교사가 손댈 수 있는 방법은 거의 없다. 청원이나 민원으로 해결될 일은 아니다. 아주 근본적으로 이 제도를 면밀히 살펴보아야 하는데 지금까지 교육부 장관 중에 교사 출신은 단 한 명도 없다. 교육감 중에서도 교사 출신이 있기는 하지만, 이 문제를 이렇게 고민한 흔적은 찾을 수 없다. 장담할 수는 없지만, 교장 승진제도를 합리적으로 조정할 수만 있다면 현재 학교 안에서 이루어지는 비민주적 상황 중 많은 부분이 해소될 수 있을 것이다.

학교 민주주의 실현을 위한 고민 4

공직기강 확립의 씁쓸함

푸념이란 말은 국립국어원 표준 대사전에 의하면 '마음속에 품은 불평을 늘어놓는 말'이라 정의되어 있다. 한자 '앙(怏)'이나 영어 'complaint'와는 뉘앙스의 차이가 있다. 한자 '怏'은 원망에 가깝고 영어 'complaint'는 '요구'에 가깝지만, 우리말 '푸념'은 자조적 성격이 강하다. 이를테면 누구를 향한, 또는 대상이 있는 말은 아닌 것이다.

연말이 되면 어김없이 '공직기강~ 어쩌고' 하는 공문이 온다. 다른 기관은 몰라도 학교는 이 시기가 제일 바쁘다. 성적 처리 등 학기 말 업무가 이 시기에 이루어져야 하기 때문이다. 아마 다른 기관도 바쁜 연말은 크게 다르지 않을 것이다. 그런데 '기강'이라는 준엄한 단어를 쓰며 은근히 위협한다. 도대체 이 단어의 주체는 누구인가? 이 말을 공문으로 전파하는 자신들도 기강의 대상일 텐데…….

'기강(紀綱)'이란 말을 좀 더 자세히 보자. '紀'는 '법'이라는 뜻이다. '綱'은 '벼리'라는 뜻이다. 벼리는 '그물의 위쪽 코를 꿰놓은 줄'이라는 의미이다. 뭉쳐서 이야기하면 '법망(法網)'이라는 의미다. 그 망 범위 내에 있으라는 이야기가 '기강' 확립이다.

구조적으로 볼 때 '기강'을 잡는 주체는 국가이고, 이 국가로부터 위임받은 주체들은 행정 각 부 그리고 그 부처의 공무원들일 텐데 그들의 기강과 우리의 기강이 전혀 다르지 않다. 그런데 공문상으로만 본다면 그들은 그 기강 위에 서 있는 존재인 것처럼 보인다. 중요한 것은 상층의 기강이 하층의 기강보다 훨씬 더 중요한데……. 아침 뉴스에 의하면 신임 모 부처 장관 후보자의 청문회에서 드러난 불법행위가 참 많기도 하다. 구체적으로 법인 카드를 남용했다 하는데, 교장이었던 지난 4년 동안 나는, 학교 법인 카드를 구체적으로 사용해 본 경험이 없다. 그런데 신임 장관 후보자의 법인 카드 사용 이력은 꽤나 질펀해 보인다.

또 있다. 여러 방송사의 보도에 따르면, 고위 공직자들의 근무 기강은 그야말로 개판에 가까운데 우리처럼 항상 일찍 출근하고 복무를 성실히 하는 사람들에게 기강을 운운하니 이것은 분명 부당한 위협에 가깝다.

교장 재직 시절 학교 보안 감사를 나와서 선생님들의 책상 서랍의 시건장치(施鍵裝置, 어려운 용어다. 열쇠가 맞다)가 되어 있지 않다고 지적을 받았다. 그런데 학교 교무실은 퇴근 시부터 철저하게 잠기고 심지어 학교 전체가 경비 되는데, 교무실의 서랍 잠금장치가 없다고 지적하는 것을 보면서 약간 화를 낸 기억이 있다. 어쨌거나 아랫사람에게는 엄하고 윗사람에게는 관대한 문화가 아직 우리의 현실인 것을 감안해 볼 때 연말 공직기강 어쩌고 하는 말은 완전히 아랫사람용으로 위협을 가하는 것으로 이해될 뿐이다.

민주주의의 민주는 아랫사람에게 관대하고 윗사람에게 준엄할 때 이루어지는 제도다. 어차피 계층화, 계급화되어 있는 사회에서 윗사람의 명령이 더 강하게 실현되는 것은 민주주의의 정신에 위배된다. 특히, 사람을 가르치는 학교라는 조직 사회에서 이런 공문은 학교가 여전히 공고한 계급사회임을 깨닫게 하고, 동시에 학교 구성원의 민주적 의지나 결정보다는 일률적인 공문 한 장이 더 지배적이라는 것을 단적으로 보여준다.

민주적 학교 만들기 프로그램

도 교육청에서 민주적 학교를 만들기 위해 이런 공문(민주적 학교 만들기 공모 공문)을 보내고 여기에 동참할 학교를 공모하겠다고 한다. 공문에 의하면 민주적 학교를 만들기 위해 특별한 프로그램을 제공하고 인력도 제공하는 모양이다. 당장 궁금한 것이 생긴다. 이 공모에 응하는 학교는 민주적 학교 문화가 이미 정착된 학교인지 아니면 민주적 문화를 정착시킬 학교인지 살짝 모호해진다.

몇 년 전, 군산에 계신 존경하는 정은균 선생님께서 『학교 민주주의의 불한당들』(살림터, 2017)이라는 책을 썼다. 학교 민주주의를 파괴하거나 저해(沮害)하는 것들에 대한 정은균 선생님의 예리한 통찰이 망라되어 있다.

이 책에 의하면 학교 민주주의의 불한당은 의외로 학교 곳곳에 도

사리고 있다. 저자가 불한당으로 간주하는 것들은 교사인 나를, 우리를 아프게 한다. 왜냐하면, 나와 우리의 모습이 거기 그대로 있기 때문이다.

예를 들어보자. 제2부에서 제1장 '불한당의 무기들'의 '1. 방패'에 의하면, 우리 내부에 작동하는 비민주적 것들이 적나라하게 표현되어 있다. 저자는 '경쟁주의', '성과주의', '능력주의', '유사 인종주의', '차별주의', '청소년 미성숙론'(청소년에 대한 부정적 의견), '책임과 책무'라는 필터를 통해 학교의 비민주적 상황을 해부한다. 각 항목은 책에 상세하게 기술되어 있다. 하지만 제목만 들어도 교사로 살아온 사람들은 대충 내용이 그려진다.

유사 인종주의에 대한 저자의 글은 무서울 만큼 날카롭고 아프다.

> 그들은 우월감의 내면화에 사로잡혀 있다. 지배집단은 사회의 '정상'을 정한 뒤 스스로를 우월하게 묘사한다. 끊임없이 우월성을 확인하고 그것을 뒷받침하는 이야기들을 한다. 소수화 집단의 관점에 대해서는 관심이 없다. (학교 민주주의의 불한당들, 100쪽)

여기서 '그들'을 학교 내부에 있는 '승진 집단'(공 사립을 막론하고), 또는 특별한 학연이나 능력을 가진 집단으로 치환해 보면 이해가 쉽다.

제2부 제1장 '불한당의 무기들'의 '2. 창'에서 학교를 비민주적 상

황으로 내몬 직접적인 원인을 이야기한다. '국가주의 교육정책', '교원평가제도', '성과급 제도', '교원 승진제도'를 이야기한다. 벌써 각 항목을 듣기만 해도 비민주적인 상황이 그대로 느껴진다.

정은균 선생님께서 2017년 바라본 학교와 현재의 학교는 얼마나 달라져 있을까? 내 생각으로나 도 교육청에 있는 장학사의 생각에도 학교는 변화가 없다는 것을 알 수 있다. 오죽하면 도 교육청에서 직접 민주적 학교를 위해 이런 사업을 기획했을까? 아직 학교는 비민주적인 집단이라는 것과 민주적 원리로 작동되지 않는다는 것을 그대로 방증하는 공문이다. 공문을 생산한 도 교육청이 이해가 가기도 한다.

하지만 학교 민주주의는 이런 교육청의 노력으로 이루어질 가능성은 매우 작다. 이유는 자명하다. 공문으로 시달(示達)된 이상, 이것은 누군가의 공문철에 분류될 것이고 그 누군가의 업무로 변해버린다. 누군가의 업무는 성과주의와 연결되고, 동시에 명령에 의한 업무로 분류되고 만다. 민주적 학교를 위한 아주 선량한 동기가 누군가의 업무로 전락하는 불량한 결과로 나타나는 것이다.

책임이 되어버린 '민주적 학교' 업무에서 민주주의의 핵심인 자율성은 찾아볼 수 없다.

> 교사들은 관료적이고 위계적인 톱다운 시스템에 따라 정해진 업무만 수행한다. (같은 책, 124쪽)

'민주적 학교 만들기 프로그램'을 진행하기 위해서는 며칠까지 공문으로 신청하고(공모계획도 써야 한다) 다행히 공모에 선정이 되면 공문을 보낸 그 교사가 책임지고 그 일을 치러 내야 한다. 그리고 다시 그 결과를 공문으로 보고해야 하는 시스템이 현재 학교의 업무 체계다.

그 과정에서 자연스럽게 학교 내부에 민주적 분위기가 조성되면 참으로 다행이다(아마도 이 지점이 도 교육청에서 이 공문을 내려보내면서 기대한 부분일 것이다). 외부적 동인에 의해 형성된 민주적 학교로의 변화가 학교 내부 구성원들의 민주적 분위기로 옮겨가고 마침내 정착되어야 하는데 그것을 막는 학교 내부 구성원들의 '방패'와 '창'이 아직도 너무 많다.

공모교장이었던 내 경험으로만 한정한다면 지금의 톱다운 방식의 업무처리는 반드시 개선되어야 한다. 교사 개인이 가진 교육적 자율성을 최대한 존중하는 방향으로 바꾸어야 한다(여건을 조성하고 기다려야 한다). 그런다고 학교 교육이 멈추지 않는다. 이유 여하를 막론하고 일단 교사를 신뢰해야 한다.

또 하나는 교장, 교감에 의해 이루어지는 반복되는 지시를 즉시 폐기하여야 한다. 지시되는 이야기의 대부분은 거의 명령에 가깝다. 이러한 방식만 없어져도 학교는 벌써 분위기가 달라진다. 이런 분위기가 어느 정도 견뎌내면 자율이 싹튼다. 공모교장인 나의 경험이다.

선생님들의 교육적 의지와 자율성을 신뢰하는 순간 쓸데없는 지시는 반드시 줄어든다. 그 신뢰해야 할 주체는 현재 학교의 구조에서는 전적으로 학교장이고 신뢰의 대상은 선생님들이다.

이 공문을 기획하고 생산한 도 교육청의 담당자도 언젠가 분명 학교에 교사로 있었을 것이다. 어찌하면 민주적 학교를 만들어 볼까, 고민했을 것이다. 하지만 결정적으로 현재의 학교 구조(톱다운 방식의 의사결정 구조)를 그대로 두고 뭔가를 설계하다 보니 이런 생각(공문)으로 구조화되었을 것이다.

민주적 학교, 또는 학교 민주주의는 현재의 학교에 엄존하는 교장 중심의 권위적이고 위계적인 시스템 아래에서는 절대로 이루어지기 어렵다. 교장이 선생님들의 교육적 의지를 신뢰하면 각 교실의 수업 장면에서 선생님들은 학생을 신뢰하게 된다. 그 분위기가 유지되고 조정 발전되면 학교 민주주의는, 그리고 민주적 학교는 자연스럽게 이루어질 수밖에 없다. 시간이 조금 걸릴 수는 있다. 학교가 비민주적 구조로 유지되어 온 세월이 오래였기 때문에 민주적 분위기로 나아가는 데도 그만큼의 시간은 당연히 걸릴 수밖에 없다. 감수해야 하는 부분이다.

인사발령

논어의 「미자」편에 이런 이야기가 있다.

장저(長沮)와 걸익(桀溺)이 함께 밭을 갈고 있었다(장저와 걸익은 은자(隱者)들이다). 공자(孔子)께서 그곳을 지나실 적에 자로(子路)를 시켜 그들(장저와 걸익)에게 나루(배가 닿는 곳)를 묻게 하셨다.

자로가 장저에게 나루를 묻자, 장저가 말하기를 "저기 수레에서 고삐를 잡고 있는 분은 누구신가?" 자로가 말하기를 "공모이십니다." 장저가 말하기를 "저분이 노나라의 그 공모이신가?" 자로가 "그렇습니다." 장저가 말하기를 "저분(공자)은 나루를 알 것이다." 공자쯤 되면 나루를 알고 있을 것인데 왜 묻는지 모르겠다는 의미로 비아냥거리는 말투다.

자로가 걸익에게 다시 나루를 묻자, 걸익이 대답한다. "도도한 것이 천하가 모두 이러하니, 누구와 더불어 바꾸겠는가? 그대는 사람을 피하는 선비(피인지사, 避人之士)를 따르기보다 세상을 피하는 선비(피세지사, 避世之士)를 따르는 것이 어떻겠는가?" 무슨 엉뚱한 말인가?

무도한 군주 곁을 한 치의 미련 없이 떠나 세상을 주유하고 있는 공자와 같은 피인지사, 다른 하나는 덕치를 실현할 군주를 찾아 헤매는 짓 따위를 하지 않고 은둔하여 사는 피세지사. 즉 장저나 걸익 자신들이다. 이를테면 이미 천하가 모두 어지러워 변화시킬 수 없으니, 우리처럼 사는 것이 어떤가? 하고 넌지시 떠 본 것이다.

장저, 걸익의 답을 자로가 전해주자, 공자가 말한다. "새나 짐승하고 만 세상을 살 수는 없다. 사람들과 함께 살지 않으면 누구와 더불어 살겠는가?" 나는 본래 이 천하 사람들과 함께 무리 지어 살아야 하니, 어찌 사람을 버리고 조수(鳥獸)와 어울려 살 수 있겠느냐는 말이다. 공자에게 역시 피세는 어렵다. 세상 속에서 자신을 알아주는 군주를 만나 자신의 역량을 펼쳐 볼 요량이다.

느닷없이 논어 이야기는 왜 하는가?

다시 새 학기 인사발령 상황을 살펴본다. 영전하신 분들께 나의 영전 인사는 마음으로 쓴 작은 글씨를 보내는 것이다. 화분은 너무 흔하고 또 타인에게 키울 것을 강요하는 느낌이라 몇 년 전부터는 글씨로 마음을 대신한다.

그런데 인사발령 상황을 천천히 보니 피인지사와 피세지사의 행보가 내 눈에 보였다. 공자가 말한 것처럼 우리(교사)는 사람들(학생)과 함께 살아야 한다. 즉 우리는 공자처럼 부조리한 세상을 바꾸려는 의도가 있는 피인지사들이다. 즉, 잘못된 사람(그들이 만들어 낸 잘못된 교육과 악습)을 피해 새로운 것을 세우려는 것이다. 자주 실패하여 이상한 사람들도 길러내지만······.

잘못된 것을 멀리하고 사람다운 사람을 길러내고자 나는, 우리 모두는 현재 학교에 있다. 지난 세월 동안 나는 그 길에서 때론 흔들리고 때론 좌절하고 또 때론 뒷걸음질 쳤지만, 여전히 그 희망 하나로 힘을 얻고 또 유지해 오고 있다. 그리하여 사람 사는 세상이 되기를 바라면서. 하지만 점점 그 길은 멀어져 가는 느낌이다.

새로운 인사발령(정확하게는 현 교육감 이전의 교육감부터 지금까지)을 보면 거기에는 절묘하게 자리와 세력을 분할하는 판세만 읽힌다. 구체적 인물들이 구체적 자리에 배치된 것은 그들의 능력이나 자질을 교육감이 높이 평가해서겠지만, 아무런 이익 형량(利益衡量)이 없는 나 같은 피세지사에겐 인사발령의 상황이 마치 '장저'나 '걸익'의 눈에 보이는 피인지사, 즉 공자가 잡고 있는 안타까운 수레 고삐처럼 보인다.

행복 교육을 외치고 디지털과 A.I. 교육을 강조하며 미래를 입버릇처럼 이야기하지만 교육은, 즉 사람을 가르치는 일은 그 모든 이념과 논리를 넘는 거대하고 도도한 흐름이다. 행복, 디지털, A.I, I.B, 미래 교육 등은 교사가 교실에서 마음을 다해 가르치면서 필요한 사소한 방법 중 하나일 뿐이다. 인사발령으로 자리를 옮긴 다양한 직책과 직위의 사람들이 가지는 학교 교육에 대한 영향력은 사실 학교 교육과는 거의 무관하다는 것을 오랜 경험으로 알고 있다. 그저 피인지사들의 자리 옮김 정도일 뿐이다. 인사이동이 그저 피인지사들의 자리 옮김 뿐일지라도 현장 교사들이 그들에게 바라는 것은 아주 별스러운 것이 아니다.

학교 현장 즉, 각 학교 교실 수업 장면에서 발표된 인사발령 통지서에 이름을 올린 교장, 장학관, 그리고 직속기관의 장들이 가진 교육적 역량이 긍정적이고 선량한 영향력으로 나타나기를 그저 간절히 바랄 뿐이다.

학교 그리고 나

 어제 우리 '학교'는 내년 상반기를 이끌어 갈 학생회 간부를 선출했다. 며칠 전부터 유세를 하는 그들을 보며 미세하게나마 '학교' 조직의 작동을 보았고, 좀 더 시선을 넓혀 '학교' 조직의 추진 동력을 떠올렸으며 나아가 '학교'라는 구체적 실체에 대해 깊이 생각해 보았다.

 먼저 '학교'라는 실체가 유지되는 동력은 외부의 의도적 설계와 그에 따른 동력 투입에 완전히 의존한다. 이를테면, '학교'를 존치하게 하는 법령과 그 법령의 하위에 있는 조례나 규칙 그리고 역시 법령에 근거한 상급기관의 구체적 행정행위(인사발령 및 행정지원)를 토대로 하여 '학교'가 구성된다. 그 토대 위에 역시 법령으로 규정된 국가 수준의 교육과정이 교사와 학생에 의해 운용된다. '학교'의 핵심 구성요소는 당연히 학생과 교직원이다. 범위를 조금 넓히면 학부모, 지역사회로 확장되지만 '학교'의 실질적 운용에 미치는 영향은 크지 않다.

개인적으로 '학교'에 입학한 이후 학생으로 20년 이상을 살았고, 교사로 30년 이상을 살았으니 내 삶 전체가 '학교'에 있다. 그런데 퇴직을 앞둔 요즈음, 50년 이상을 '학교'라는 곳에 있었으면서 내가 정말 '학교'를 잘 알고 있는지 의문이 생긴다(정확하게는 나와 '학교'의 관계에 관한 생각이다). 생각하면 할수록 내가 '학교'를 향해 할 수 있는 것이 거의 없다. 심지어 '학교'에 대해 정확하게 아는 것도 거의 없다. '학교' 밖의 일반적 시선과 '학교' 안에 있는 나의 시선이 큰 차이를 보이지 않는 것을 확인할 때면 자괴감조차 든다.

이유는 있다. 내가 공부하고 또 직장으로 다닌 '학교'는 나의 의지와는 거의 무관한 공적 조직이며, 그 조직의 작은 구성원으로서 내가 개입하거나 혹은 조정할 수 있는 일이 거의 없었다는 이야기다. 심지어 2019년부터 2023년까지 교장이라는 직책으로 '학교'에 근무했으면서도 '학교'는 대부분 내가 어찌할 수 없는 상황이었다. 아니, 내 의지로 바꿀 수 없는 일이 거의 없었다.

흔히 말하는 소프트웨어는 변화가 가능하지만 하드웨어, 이를테면 법령, 규칙, 조례에 묶여 있는 사항을 바꿀 수는 없었다. 국회가, 교육부 장관이, 그리고 교육감이 가진 고유의 권한이기 때문이다. 교장 4년 동안 그 법령, 규칙, 조례가 교육 현실과 불일치하거나 혹은 엉뚱한 방향을 가리키는 것을 알면서도 나는 저항했지만 수정할 수는 없었다. 왜냐하면, 내 권한 밖이었으므로.

그러니 평생을 다녀도 '학교'는 언제나 나의 삶과는 거의 괴리된 느낌을 주는 것이다. 교장 4년 동안 나는 다양한 소프트웨어를 '학교'에 시행하고 이식하고 정착시켰지만, 들리는 소문에 의하면 내가 떠나온 후 일 년 동안 그런 시도의 그림자조차 사라졌다는 이야기를 들으며 소프트웨어가 가진 한계를 느낀다.

해방 이후 수많은 '학교' 개혁이나 혁신의 방향을 현재의 외부 동력에서 '학교' 조직 내부의 동력으로 치환시키는 것에 목표를 두었다면 아마 현재의 '학교' 모습과는 많은 차이가 났을지도 모른다. 아직도 여전히 '학교'의 변화는 법령 개폐의 권한을 가진 권력의 의도에 따라 조정되고 있으며 그 의도는 하향식 의사 전달 구조에 의해 '학교'의 핵심 구성원인 교직원과 학생을 구속하고 있다.

교실에서 수업 한 시간 해 보지도 않은 국회의원이 그리고 교육부 관료, 국책 연구 기관, 대학교수, 심지어 교육 관련 기관의 연구원 등이 '학교'의 방향을 설정하는 것은 오류의 문제에 앞서 매우 위험한 일이다(온갖 정책이 이렇게 결정된다). 더 큰 문제는 그런 위험한 지침에 따라 교실 현장을 떠난 지 짧게는 3~4년, 길게는 10년 이상 된 도 교육청의 관료들에 의해 지역 사정에 맞게 재조립된 '학교' 운용의 방향이 공문을 통해 구체적 지침으로 '학교' 현장에 내려오는 것은, 교육의 본질을 오도(誤導)할 가능성조차 있다.

아직 우리의 법체계는 그 어떤 상향식 제안도 법령에 상응하는 효력을 가지지 못한다. 오로지 하향식으로 구조화된 체계 속에서 '학교'의 모든 일이 이루어지고 있는 것이다. 그러니 50년 이상을 '학교'에 있으면서도 심지어 교장 직책을 4년이나 수행했으면서도 '학교'와 나는 늘 일정한 거리를 두고 유지되었으며, 정년이 다 된 지금 더욱 생소해지고 있는 것이다.

교과서 선정의 그림자

2025년부터 시행되는 '2022 교육과정'에 맞춘 새 교과서 선정이 현재 이루어지고 있다. 내가 담당하는 과목은 10개의 출판사가 교과서를 만들었고 그중 하나를 선정하면 다음 교육과정이 바뀔 때까지 향후 3~4년 정도 그 교과서가 유지된다.

교과서 선정의 구조

2000년대 이전은 말할 필요도 없고 2010년 넘어서까지 지속적으로 교과서 선정에 대한 비리와 잡음이 뉴스를 장식할 때, 당시에도 같은 교사로서 나는, 그런 사실들이 너무나 이상하게 들렸다. 면 소재지 고등학교에 근무하던 시절이라 우리 학교 학생 전원이 사용하는 교과서와 참고서를 다 합쳐도 시 지역의 한 학급 학생의 분량도 되지 못했기 때문에 교과서 선정 비리 같은 이야기는 그저 별세계의 이야기로 느껴졌다.

세월이 지나 퇴직을 일 년 앞둔 지금, 2025년부터 고등학교에 적용되는 2022 교육과정의 교과서를 선정하게 되었다. 현재 있는 학교는 시내 중심 학교이며 한 학년에 8학급인 규모가 큰 학교다. 그래서 그런지는 몰라도 지난 5월부터 교과서 관련 출판사 지역 배포를 담당한 서점과 관계된 여러 사람이 학교를 드나들었는데 아무런 영향력이 없는 교사인 나에게 그들이 놓고 간 명함만 20장(한 사람이 여러 장을 주고 간 것을 포함하여) 가까이 된다. 지금이야 모든 것이 투명해졌지만 이런 분위기라면 예전의 교과서 선정에 대한 잡음도 희미하게 이해가 되기도 한다.

이렇게까지 선정의 노력을 기울이는 상황으로 볼 때 교과서를 만들어 내는 출판사 입장에서는 교과서가 선정되기만 한다면 매우 큰 이익이 되리라는 것을 미루어 짐작할 수 있었다. 전국의 학교와 학생 수, 그리고 선정된 교과서와 그에 부가적으로 따르는 참고서의 수량과 금액은, 단지 자신의 과목 교과서 선정 외에는 관심이 없는 교사인 우리의 예상을 훨씬 넘을 것이다.

교과서 선정을 위한 심사용 교과서를 내놓은 출판사가 앞서 이야기했듯이 10여 곳인데 그중에는 오래전부터 교과서를 전문적으로 출판하는 회사도 있고, 이전에는 문학 서적을 전문적으로 출판했던 출판사들도 흔히 발견되는 것을 보면 교과서 선정이 가져다주는 안정적이고 지속적인 이익이 정말 대단한 것인지도 모른다.

같은 과목 교사 전체가 모여 10개 이상의 교과서 선정 심사용 예시 본을 검토하고 분야별로 점수를 취합한다. 그 분야는 다섯 분야인데 교육과정, 학습내용, 교수학습, 내용 조직, 학습 평가 등 5개 기준을 각 20점 부여하여 총점으로 교과서를 선정하는 방식이다(내가 담당하는 과목은 10명의 교사가 있어 각 교사의 점수를 합산하여 하나의 출판사를 선정하는 방식이다). 이런 방식은 교과서 선정의 잡음을 최소화하고 흔히 말하는 '공정'과 '청렴'을 위한 절차일 것이다.

교과서와 관련한 여러 문제와 학교의 혼돈

각 교과의 교과서는 국가 수준 교육과정에 따라 교육부가 검정 또는 인정(이하 검, 인정)한 내용을 출판사별로 약간의 편제와 서술 방식의 차이를 두기 때문에 사실 검, 인정을 통과한 어떤 교과서를 선정해도 큰 문제는 없다. 물론 일부 교과에 한정되는 이야기이기는 하지만, 역사 인식이나 시대 인식 그리고 민감한 대외 관계 서술이 때로 문제가 되기도 한다. 하지만 그 문제 외에도 현장 교사의 관점에서 지금의 교과서 선정과 관련된 몇 가지 문제점을 생각해 본다.

교과서는 교실 수업, 즉 학생들과 교사의 학습활동에 기본이 되는 책이다. 교육과정에 맞춰 내용을 일관성 있게 서술하여 학생들에게 습득될 수 있도록 하는 중요한 책이다. 최근, 이 교과서들이 본질적인 내용보다는 화려한 컬러 사진과 도판을 이용하여 교과서의 본질인 객관적 사실의 서술이나 소개보다는 시각적 자료에 집중하는 경향이 크다. 물론 지금 세대의 아이들이 시각적 자료에 반응하는 것을 잘 알지만, 종이책의 특성으로 볼 때 지나친 컬러 도판은 객관적 사실의 진술이라는 교과서라는 본질을 흐리게 할 수 있다. 자연스럽게 서술의 분량이나 내용을 줄이게 되면서 학생들에게 충분한 설명이 어려워지는데 이러한 교과서의 기본 역할이 참고서로 옮아가는 결과를 가져왔다. 따라서 아이들이 교과서로만 공부한다는 것이 현실적으로 어려워지는 탓에 정말 필요에 의해 참고서를 보게 되었고, 나아가 관련 과목의 학원 수강까지 해야 하는 상황으로 전개되고 있다.

이 문제는 사실 깊이 보지 않으면 거의 간과할 수 있는 문제인데, 공교육을 담당하는 교사가 사교육을 담당하는 교사(학원)들보다 낮은 수준의 교육을 한다는 의심을 가지게 하는 단초가 되기도 한다. 워낙 교과서의 진술이 짧고 함축적이라 공부하는 아이들의 입장에서는 반드시 풀어서 이야기해야만 한다. 하지만 공교육 체제에는 정해진 수업 시간 수가 있고, 그것을 지키다 보면 자연스럽게 상세한 설명을 하지 못하게 되는 것이 일상 다반사다. 그래서 아이들은 스스로 공부해야 하는 상황이 되고, 여기에 수업 시간 수와 거의 무관한 사교육이 개입하여 아이들에게 집중해서 설명하는 방식을 취하면 객관적으로는 사교육을 담당하는 교사들의 실력이 나아 보이는 착시 현상을 일으키기도 한다.

또 하나 중요한 사실은 교과서에 지나친 컬러 도판의 사용은 교과서 단가의 상승을 가져온다. 현행 교육과정에서 사용하는 교과서의 평균 가격은 2023년 기준, 약 10,000원 정도이다. 컬러를 사용하기 때문에 당연히 종이 질도 좋아야 한다. 이 또한 가격 상승의 주요한 원인이다. 교과서가 풀 컬러일 필요는 없지 않은가! 3도 인쇄 정도만 해도 충분한데 이렇게 풀 컬러 교과서가 많아진 것은 여러 출판사들 경쟁의 영향이다. (비슷한 내용이니) 다른 출판사 교과서보다 더 튀어야 선정될 것이라는 생각 때문에 생기는 일이다. 내부적으로는 앞서 말한 시장 논리(교과서와 참고서 관계)도 틀림없이 작동하고 있을 것이다.

2023년 교육 통계에 따르면, 전국의 고등학생 수가 약 126만 명 정도인데 1인당 교과서가 10~12권 정도라면 10,000원(교과서 1권 평균 가격)×10권(1인당 교과서 소유)×1,260,000명(전체 고등학생 수)=126,000,000,000원(1,260억 원)이라는 결과가 나온다. 이 금액에는 중학교나 초등학교는 아직 계산에 넣지 않았으니 모두 합하면 실로 엄청난 돈이 오가는 거래가 틀림없다. 다행인 것은 현재 초, 중, 고 교육이 거의 무상이기 때문에 학생들에게 이 돈을 직접 부담시키지는 않지만, 어차피 세금으로 충당되어 국가 예산으로 교육부에서 이 돈이 각 출판사에 틀림없이 지급될 것이기 때문에 일단 교과서로 선정되는 순간 출판사는 상당한 기간 동안 역시 상당한 이익이 안정적으로 보장되는 것이다. 교과서로 선정되면 부가적으로 교과서에 따르는 참고서와 문제집 그리고 인터넷 강좌까지 더하면 일반인이 상상하기 어려운 돈이 현재 교과서 시장에서 유통되고 있는 것이다.

 최근 디지털 교과서를 밀어붙이는 교육부의 의도가 이런 과정에서 출발한 것이 아니기를 간절히 빈다. 왜냐하면, 디지털 교과서 일 년 치 구독료는 최소 5만 원에서 최대 10만 원이라니(매년 내야 하는 구조) 종이 교과서와는 차원이 다른 큰 금액이 오갈 것인데 그것이 교육적인가에 대한 평가는 여러 학자의 연구에 의하면 낙관적이지 않다. 사실 교육 선진국에서는 교수학습 활동에 있어 탈 디지털이 새로운 흐름이 되어 수업 시간에 휴대전화, 탭, 컴퓨터, 전자 칠판의 사용까지 일부 제한되는데, 오히려 우리 교육은 '미래 교육'과 '에듀테크'가 혼합되더니 그것이 하이브리드가 되어 디지털 기기가 걷잡을 수 없이 교실로 쏟아져 들어오고 있다.

 학교 교실 그리고 교육은 국가나 권력의 실험 도구가 아닐 것인데 '에듀테크'의 거대 자본과 손잡은 교육부의 일부 관료, 일부 대학교수가 초, 중, 고 교실을 혼돈으로 몰아넣고 있다. 초, 중, 고 교실에서 오늘도 그리고 내일도 여전히 수업에 최선을 다하시는 선생님들과 그 수업을 듣고 미래를 꿈꾸는 아이들이 있다. 초, 중, 고 교실에서 학생들과 수업 한 시간도 해 보지 않은 교육부의 관료들과 역시 대학에서 교육학을 연구하는 교수들이 만들고 강제하여 펼쳐 놓은 혼란, 이를테면 고교학점제와 기타 제도들로 학교는 난장판이 되어 있는데 거기에 다시 교과서, 나아가 디지털 교과서까지 혼란을 가중시켜서는 참으로 곤란하다.

관행 또는 퇴행

교장으로 근무했던 4년 동안 나는 도 교육청에 참으로 많은 민원을 제기한 기억이 있다. 심지어 교육부에도 그리고 국회의원 사무실에도 민원 전화를 자주 했다. 민원을 제기한 이유는 다양하지만, 핵심은 단 하나였다. 학교를 그리고 교사를 하위 기관의 공무원으로 생각하는 상급기관과 관료 혹은 같은 교사 출신 장학사들의 태도에 문제를 제기한 것이었다.

학교도 대한민국 공공기관의 서열 구조 속에 있고 동시에 그 구성원인 우리도 국가 공무원의 서열 체계 속에 있는 것이 맞다. 그래서 당연히 학교는 공적인 기관 서열상 최하급 기관의 위치에서 벗어나지 못함도 인정한다. 그 학교에서 근무하는 교사는 당연히 최하급 기관 공무원의 위치에 서게 되는데, 문제는 그러한 구조적 상황에 기인한 비민주적, 비합리적 조건들이다.

말로는 언제나 수업이 최우선이기 때문에 그 역할을 하는 교사 또한 수업을 최우선에 두지만, 실제로는 도 교육청이든 교육부든 교사를 최하위 기관의 공무원으로 취급하고 있는 것이 사실이다. 분명하게 말하지만, 교육은 교사의 환경과 상황을 절대로 넘어서지 못한다. 분위기가 이러함에도 여전히 입버릇처럼 교육에서 수업이 중요하다는 이야기를 마치 남의 얘기처럼 하는 관료들과 일부 몰지각한 학자를 보고 있노라면 분노가 치민다.

해마다 신학기가 되면 교육부에서 출발했을 것으로 추정되는 일반적인 통계 공문이 학교에 도착한다. 예를 들면 학기 초에 으레 학교로 오는 '탈북', '다문화' 학생의 숫자를 묻는 공문이 있다. 이 업무를 담당한 교사는 각 반 담임에게 조사를 부탁하는데 문제는 이 방법이 정확하지 않은 것은 물론이지만 교사에게는 이 업무가 큰 부담이 아닐 수 없다. 왜냐하면, 수업 중 틈틈이 챙겨보아야 하기 때문이다. 학생 중에는 자신이 다문화이거나 탈북 가족임을 밝히기 꺼리는 학생들도 있어서 현재 학교 규모(고등학교 26개 학급)에서 이 통계를 완성하기에는 상당한 노력이 들고 교사는 이 일로 당연히 수업 준비 시간을 뺏기기 마련이다(아주 단적인 예시일 뿐이다). 그렇다고 사실과 전혀 다른 통계를 보낼 수도 없다.

사실 '탈북'이나 '다문화'는 학교에서 교사가 직접 조사하는 것보다 이미 국정원이나 도청 그리고 각 시군에서 더 정확하게 알고 있으니, 교육부에서 혹은 도 교육청에서 자신들과 비슷한 위상의 기관들에 병렬 협조 공문으로 충분히 파악할 수 있다고 생각한다. 오히려 역으로 교육청에서 그러한 상황을 파악하여 단위 학교에 알려주어 상호 확인 정도의 절차를 통해 해당하는 아이들에게 불이익이 없도록 하라는 공문을 내는 것이 더 합리적이지 않나? 왜 학교처럼 말단 기관으로부터 모든 자료를 구하려고만 하는가! 왜 적극적으로 상급기관끼리 유기적이고 병렬적인 협조는 일어나지 않는가!

 개인적인 경험에 기초해 보자면, 교육부든 도 교육청이든 거기에 있는 장학사들(흔히 전문직이라고 칭하는, 하지만 전혀 전문적이라는 말이 어울리지 않는)에게 업무의 인수인계는 지극히 요식행위일 뿐이다. 요식행위라고 볼 수밖에 없는 이유는 자신의 발령 사항을 보고 그 자리에 해당하는 업무에 대하여 어떤 사전 정보도 없이 언제나 새롭게 리셋(Reset)된 상태로 그 자리에 배치되어, 그 업무 파악을 위해 상당한 노력을 기울여야만 전임자 정도의 업무 파악 능력에 이르게 되기 때문이다.

 이렇게 되기까지 상당한 노력과 시간(거의 몇 개월)을 소비한다. 그리고 1~2년 안에 또 다른 자리로 이동하여 그 업무를 떠난다. 문제는 그 과정에서 장학사마다 다시 단위 학교 교사들에게 자료 조사와 취합 공문을 보내게 되는데 그 공문의 파악 범위가 전임자의 그것과 전혀 다르지 않다. 그 이유는 현 직위 장학사와 전임 장학사의 대면을 통한 업무 인수인계가 거의 없다는 데 있다. 이것은 상급기관끼리도 마찬가지여서 정부 각 부처 간 업무 협조는 원활하지 못한 것은 물론이거니와 특정 부분의 정보 공유는 먼 나라 이야기며 가끔 협조 공문을 보냈다가 의도치 않게 양 기관의 힘겨루기로 비화하는 경우도 있다. 그래서 결국 모든 자료는 말단 기관에서 취합된 자료에 의존하게 되는 것이다. 이를테면 학교가 그 대표적 말단 기관이다.

다시 학교로 돌아와 신학기에 쏟아지는 각종 계획 공문의 유효성이나 타당성을 다시 한번 따져보자. 공문에 의거한 각종 계획이 신학기, 이 바쁜 시기에 세워지는데, 어떤 계획은 도 교육청에서 그 계획을 위한 연수 일정보다 빠른 보고를 요구하는 일이 자주 있다. 하는 수 없이 작년 계획을 그대로 사용하거나 아니면 조금 바꾸어 계획을 보고하고 이후에 그 계획 수립 관련 연수를 받는 이상한 일도 자주 생긴다. 뿐만 아니라 몇 개의 계획은 교사의 일상적 업무 범위를 넘는 부분이 너무 많아서 정말 이 계획을 학교에서 교사가 세우는 것이 타당한가 하는 의문이 생기기도 한다.

문제는 또 있다. 학교의 계획이 예산이 수반되는 일이라 행정실과 교사의 업무가 겹치는데 더러 미세한 갈등 상황이 연출되기도 한다. 이런 상황에서 교장, 교감들은 언제나 국외자처럼 행동하는 것이 보통이다. 적극적으로 중재할 의지가 거의 보이지 않는다. 교장을 거친 개인적 경험에 의하면 갈등 상황에서 교장이 매우 적극적일수록 문제는 매우 원만하게 해결되는 경향이 있었다.

교장에서 교사로 돌아와 이제 정년퇴직을 몇 달 앞둔 내 입장에서, 내가 교사로 출발할 때보다는 학교의 여러 상황은 정말 많은 것이 개선되었고 또 개선되고 있기는 하다. 하지만 결정적으로 개선되지 않은 것은, 학교를 대하는 일반인들의 태도와 학교를 경험한 사람들의 태도다. 전자의 경우, 표면적으로는 언제나 수업이 중요하며 나아가 교육이 나라의 근본임을 틈나는 대로 강조한다. 하지만 실제로 그들이 학교와 교사를 대하는 태도는 그저 공무원 위계의 최하위 조직 그리고 그 구성원으로 보고 있다는 것이다.

장학사 이상의 소위 전문직 군에 속하는 사람들도 학교를 떠나는 즉시 자신이 있었던 학교의 상황을 완전히 잊고 행정가로서, 그리고 상급기관에 근무하는 공무원으로서 자신의 위치를 결정한다. 자신이 경험한 교사 시절의 상황보다는 현재 자신의 상황에 맞는 행동을 하게 되는 것이다.

엄청난 미래 교육에 대한 전망과 쓸데없이 정교한 교육정보시스템, 고교학점제 그리고 AIDT(Artificial Intelligence Digital Textbook)로 화려하고 풍성해져야 할 학교와 교육 현장이 나의 좁은 소견으로는 내가 처음 교직을 시작했을 때보다 오히려 답보이거나 혹은 퇴행하고 있으며 철저하게 분절화되고 마침내 황량해지기까지 하는데 그 어떤 변화의 조짐도 보이지 않는다.

학교의 입학이 허가사항인가?

오늘 대한민국 유, 초, 중, 고 및 대학교에서 모두 입학식이 있었을 것이다. 아마 교사로서 내가 볼 수 있는 입학식도 이제 거의 끝나가고 있다. 입학식을 지켜보며 떠오르는 생각을 정리해 본다.

교장 재임 시절 나는 기존의 모든 입학식 절차를 생략하고 새로운 형식의 입학식을 만들었는데, 그 이름을 '이해와 친교의 입학식'이라고 했다. 사실 지금까지의 입학식은 입학의 환영이나 기쁨보다는 학교의 공식적인 '의례'에 가까웠다. 물론 이 형식을 완전히 포기할 수는 없다. 다만 학교에 입학하는 것은 너무나 당연하고, 또 입학은 이미 결정되어 있다는 가정하에서 입학식이라는 이름 아래 학교 모든 구성원(2, 3학년 학생, 교사, 행정실 직원, 공무 직원 모두 포함)과 신입생이 서로 확인하고 자신을 소개하는 것에 방점을 두었었다.

하지만 교사로 돌아와 처음 맞이하는 오늘 입학식은 완전히 학교의 의례였다. 가장 고민되는 지점은 '학교장 입학허가' 순서였다. 허가(許可)라는 단어의 일반적인 의미는 '행정청이 법령에 의한 일반적·상대적 금지(부작위 의무)를 특정한 경우에 해제하여 적법하게 일정한 사실행위 또는 법률행위를 할 수 있도록 자유를 회복시켜주는 것'을 말한다. 중학교, 고등학교 입학이 그런 것이라고? 대학교 입학도 비슷하기는 하다.

이런 용어, 즉 허가라는 표현을 쓴 연원을 천천히 되짚어본다.

정확하지는 않지만, 이 입학허가는 1911년 일제 치하에서 일본인들에 의해 만들어진 조선교육령(전체 30조)에 그 기초를 두고 있을지도 모른다는 아주 합리적인 의심이 든다. 이유는 이러하다. 조선교육령 제2장 제8조의 조문을 보면 '보통학교는 국민교육의 기초가 되는 보통교육을 시키는 곳으로써 신체의 발달에 유의하고 국어(일어)를 가르치며 덕육을 베풀어 국민으로서의 성격을 양성하고 그 생활에 필요한 보통지식과 기능을 가르친다.'라고 되어 있다.

이 조문의 분명한 주체는 국가(당시 일본)다. 그 예로 ~시키는 곳, ~베풀어, 양성하고, ~가르친다 등의 단어가 그것을 증명한다. 국가가(일본) 교육을 베푸는 장소에 아무나 함부로 들어올 수 없다. 당연히 국가 혹은 당해 학교장의 허가가 필요하다. 그렇게 각인된 허가가 해방된 지 이제 80년이 다 되어 가는 이 나라 학교의 입학식에서 사용된다? 참 어이없다. 그나마 다행인 것은 '학교장 허가'로 바뀌었다는 점이다.

그런데 과연 학교장이 입학을 허가할 수는 있나? 현재 우리 초·중등교육법에서 제20조(교직원의 임무) 제①항은 학교장의 임무를 명시하고 있다.

> ① 교장은 교무를 총괄하고, 민원처리를 책임지며, 소속 교직원을 지도·감독하고, 학생을 교육한다. 〈개정 2021.3.23, 2023.9.27〉

어디에도 입학을 허가할 수 있는 근거는 없다. 조문 마지막의 '학생을 교육한다'를 최 광의로 해석해도 허가와는 상당한 거리가 있다. 좀 더 범위를 넓혀 교육감의 임무를 제시한 지방교육자치에 관한 법률(약칭 '교육자치법') 제20조 교육감의 관장사무에도 입학허가를 유추할 만한 근거 조항은 찾을 수 없다.

현행 법령에 의한 '학교장 입학허가 선언'의 무근거성에 비추어 볼 때, 조선교육령의 희미한 그림자로 유추해석 될 가능성이 크다.

일제의 식민통치를 온몸으로 저항한 민족정신의 표상이 되는 기념일인 3·1절 기념식이 친일 논란에 휩싸인 2024년 대한민국. 그 나라 학교 현장에서 어쩌면 일제 교육의 그림자일지도 알 수 없는 '학교장 입학허가'를 보는 내 마음은 한없이 답답하기만 하다.

학교폭력에 관한 생각
- 사회구조적 관점에서 -

　세상 사람들이 다 보았다는 '오징어 게임'을 나는 '넷플릭스'라는 이유로 보지 않았다. 학교폭력 드라마라고 사람들이 보고 너도나도 이야기하는 '더 글로리'도 보지 않을 예정이다. 사실 나는 OTT를 구독하지 않기 때문에 애당초 볼 수도 없다. '더 글로리'의 내용이 극단적인 학교폭력에 의한 극단적인 복수극이라는 것까지는 희미하게 들어서 아는데 오늘 아침 그 이야기가 페북에 등장했고, 그 댓글을 보다가 생각이 떠올라 글로 옮겨 본다.

학교폭력의 구조
　학교에서 폭력이 없는 상황은 좀체 어렵다. 폭력을 물리적인 강제력에서부터 정신적·심리적인 압박을 가하는 모든 상황으로 정의한다면 학교에서는 늘, 어떤 방식으로든 폭력적인 상황이 전개된다. 학교라는 조직을 살펴보면 가르치는 사람(교사)들 사이의 권력관계와 가르침을 받는 사람들(학생)의 권력관계가 양립하고 거기에 두 집단 사이의 긴장 관계가 개입되어 복잡한 양상으로 발전한다. 그러나 더욱 중요한 배경이나 원인은 두 집단의 바탕이 되는 사회(정치, 경제, 문화 등 모든 분야)다.

풍티의 주장이 아니더라도 폭력은 인간 삶의 불가피한 요소[6]라는 것은 주지의 사실이다. 물론 풍티는 '폭력'은 지나치게 확장하는 문제가 있지만 인간 삶의 바닥에 흐르는 폭력의 문제에 대한 풍티의 시각에 거의 동의한다.

그런 구조 속에 있는 학교에서 폭력이 없을 수 없다. 당연하다. 동서고금을 막론하고 학교라는 조직이 생긴 이후 늘 있던 문제였을 것이다. 이 지점에서 우리는 매우 엄밀해져야 한다. 즉 모든 시대 모든 학교에서 폭력이 있었다는 관점에서 현재의 학교폭력을 조망하는 것은 현재의 문제를 희석하는 오류를 범할 것이고, 지나치게 현재의 관점에서만 학교폭력을 보는 것 역시 현재의 학교폭력 문제만을 확대 해석하는 오류를 범할 가능성이 크다.

하지만 현재 우리가 살아가고 있는 세상(우리나라를 포함한 세계 전

---

6   모리스 메를로퐁티, 박현모 역, 「휴머니즘과 폭력」, 문학과 지성사, 2004

체)이 이전의 그 어떤 시대보다도 더 폭력적이라는 것에는 대부분 동의할 것이다.

우리나라는 짧은 시간에 많은 것을 이루어 낸(세계사적으로 그 유례를 찾기 어려운) 국가이다. 정치, 경제적 격변을 겪었고 그 격변이 고스란히 사회로 스며들어 사회의 말단 구조인 가족에까지 큰 영향을 주었다. 우리나라처럼 격변을 일으키려면 그것을 일으키게 하는 동력이 필요한데 동력은 순기능만 있는 것은 아니다. 우리에게 오늘의 결과를 준 동력의 역기능은 순기능보다 보이지 않는 많은 곳에 부정적 영향을 주게 된다.

교직 생활 대부분을 고교 교사로 근무하면서 10여 년 가까이 인성부장 업무를 담당했다. 당시 학교폭력의 당사자들과 면담을 해 보면 그 바탕에는 그들의 참담한 가정이 있었다. 예외 없이 불행한 가족의 상황이 학생에게 폭력적인 태도를 가지게 했고 심지어는 자신에게조차 폭력적인 태도를 가지게 만들었다. 그들을 그렇게 만든 가정은 사회 속에 있었고 그 사회는 국가의 정치, 경제 제도의 바탕 위에 있다. 가정이 불행해진 것은 위에서 말한 거대한 사회적 변혁을 일으킨 동력의 역기능이 가정에까지 그 영향을 미친 것이다. 물론 개인적인 문제도 있다. 그러나 그 개인적인 문제 역시 거시적으로 본다면 전체 구조의 문제 안에 있을 수밖에 없다.

그러면 그러한 가족을 벗어난 아이들이 향하는 학교에 관하여 이야기해 보자. 대한민국 학교의 교사 집단은 전형적인 위계형 집단이다. 물론 최근에는 '민주적'이라는 말로 순화되기는 했지만, 교사 집단은 아이러니하게도 대단히 위계적인 구조를 바탕으로 한다. 학교 내부의 조직이 일단 위계적이다. 교장, 교감을 상위에 둔 명령체계가 확립되어 있다. 더불어 학교와 교육청이 위계적 관계이고, 교육청과 교육부 역시 위계적이며, 교육부 또한 거대한 정부 조직의 위계 속에 있다. 위계적 구조를 지탱하는 권력과 권위 그리고 '민주'적이라는 장식적인 말이 서로 긴장하는 아주 복잡한 상황이 교사 집단 구조의 바탕이다.

학교라는 제도에 의해 통제되는(내부적으로는 교사 집단에 의해 조정 및 통제되는) 학생들은 교사 집단의 위계 구조에 영향을 받기도 한다. 이를테면, 학생들은 교사들이 자신들의 집단 속에서 받고 있는 권력구조의 부정적 에너지의 영향을 받을 수도 있다(미세하지만 영향력은 매우 크다). 학교나 교사의 통제와 함께 학생들은 독립적으로 그들 내부에서 생겨나는 권력구조에 영향을 받는다. 이 권력구조에 영향을 미치는 요인으로는 교사와의 관계에서부터 학생 상호 간의 관계로, 이는 매우 중첩적으로 겹쳐있다. 교사와 학생의 상호관계에서 형성되는 권력관계는 거의 표면적인 것이 대부분이고, 학생 상호 간에 관계는 매우 내밀한 것으로서 학생 개인의 가정 상황과 학교 성적과 성적 이외의 개인적 능력이 복합적으로 작용하여 관계가 설정된다.

이 관계 속에서 갈등이 없을 수 없다. 예견된 갈등은 역시 그 예견에 기초한 각종 법령이나 규칙이 작동하지만, 예견할 수 없는 갈등의 해결은 본능적 상황에 의존할 개연성이 커진다. 그 개연성 중의 하나가 폭력이다. 이처럼 학교폭력은 복잡한 구조를 가지고 있고 배경이나 발생 그리고 진행은 원인에 따라 상황이 달라진다. 대부분의 경우 사회적 갈등과 마찬가지로 핵심 원인에 대한 해결책을 제시하지 못하고, 다만 일어난 일을 처리하고 수습하는 선에서 학교폭력 문제는 처리된다. 그렇게 해서 등장한 매끈한 단어가 '회복적 ~' 교육이다('회복적 ~' 교육을 폄훼할 의도는 없다).

'회복적 ~' 교육의 취지와 방향 그리고 '회복적 ~' 교육 통한 모든 방법적 고민에 일단 동의한다. 그리고 '회복적 ~' 교육을 위한 상징으로 관계 회복, 호혜, 수평적, 공감, 원형 등에도 동의한다. 하지만 마음 한구석에 일어나는 찜찜함이 있다. '왜 늘 우리는 회복해야만 하는가?'이다. 늘 피해자인 느낌이 강하다. 회복탄력성이 생긴다고 이야기한다. 사실인가? 교사인 나는 폭력의 피해당사자가 회복탄력성이 생기는 경우를 잘 보지 못했다. 못 본 것인지도 모른다.

'회복적 ~' 교육

일반적으로 폭력은 힘이 센 쪽에서 힘이 약한 쪽을 향한 일방적 의사표시일 가능성이 농후하다. 물론 힘이 약한 쪽이 연대하여 힘이 센 쪽을 향하는 경우도 가끔 있기는 하지만 그 상황은 학교폭력의 장면에서는 상정하기 어렵다.

학교폭력의 유형 중에 가장 많고 동시에 가장 처리가 어려운 것이 '따돌림'에서 시작되는 유·무형의 폭력이다. 원인과 진행 과정이 지속적이어서 표면화되었을 때는 매우 심각한 단계이므로 문제 해결이 매우 어렵다. 조사를 진행해 갈수록 관련된 학생의 범위가 확산되고 어떤 경우에는 따돌림이 일어난 그 반, 학년 전체 아이 중 전혀 개입되지 않는 아이를 찾기 어려울 지경인 경우도 더러 있다. 누적적이고 점층적인 따돌림의 결과가 표면화되었을 때, 그 일을 깊이 들여다보면 거기에는 우리 사회 구조 속에서 일어나는 모든 불평등하고 불합리한 권력관계와 폭력이 들어있음을 발견하고 놀란 적이 한두 번이 아니다.

오랫동안 잠재되어 있다가 표면화된 문제는 사실 해결의 실마리가 보이지 않는다. 아이들의 마음을 달래주고 이런 일이 더 이상 생기지 말도록 해야 하는 방향 중 하나가 '회복적 ~' 교육일 수 있다. 그런데 나는 이 '회복적 ~' 교육을 아이들에게 실행하면서 스스로 참담함을 자주 느꼈다. 이유는 이러하다. 본질적인 문제보다는 표면적인 어루만짐이 아닌가? 실제로 심각한 따돌림을 실행한 당사자들은 자신이 한 행동에 대한 성찰이 없는데 무엇을 어떻게 회복한다는 것인가? 폭력을 당한 아이들의 회복은 더 어렵다. 결정적으로 학교는 이것만을 위해 움직이는 조직이 아니어서 '회복적 ~' 교육은 때로 장식처럼 소비된다는 것이다. '회복적 ~' 교육을 하고 나면 하지 않는 것보다는 나아질 것이라는 막연한 기대와 위안이 교사에게 남는다. 그리고 이런 의문도 남는다. 학교는 그리고 교사는 폭력의 근본 문제인 사회 구조의 부조리에 집중하여 그것에 대한 의견을 피력할 수 없는가? 사회의 잘못된 구조로부터 발생한 학교폭력의 처참한 결과와 그 상처를 그저 어루만질 수밖에 없는가?

기형적이고 부조리한 우리 사회구조가 바뀌지 않는 한 학교폭력은 여전히 진행될 것이고 더불어 그 방식과 결과는 우리의 상상을 넘을 것이다. 그때도 여전히 '회복적 ~' 교육으로 해결될 수 있을 것인가? 이것은 마치 피해자인 사람에게 무조건 마음을 잘 정돈하고 정리해서 그것에서 벗어나기를 바라는 것과 무엇이 다른가? 그 원인이 되는 사회 구조 내부의 폭력이 난무하는 세상인데…….

교권과 학생인권

비극적이고 참담한 교사의 죽음을 정치적으로 이용하면서 마치 학생인권과 교권의 충돌 구조로 몰아가는 파렴치한 뉴스를 듣는다. 하여 분명하게 이야기한다.

결론부터 말하면, 이 둘은 서로 충돌하는 것이 아니라 상호 보완 관계이며 동시에 필요충분조건이다.

지금 일어나는 교권침해를 면밀하게 보면 학생인권 보호와는 전혀 무관한 '학내 문제에 대한 부모의 과잉대응', '학교 관리자 및 상급기관의 면피용 또는 부적절한 대응', '교육의 본질을 침해하는 부당한 외부 세력의 개입' 등이 문제다.

학생의 인권도 보호되어야 하고 동시에 교사의 교권도 보장되어야 한다. 그런데 한 가지 문제가 있기는 하다. 어디에도 '교권'을 명확하게 규정한 법률, 규칙, 조례, 심지어 판례조차 없다.

여기에는 두 가지 측면이 있다. 먼저 교권을 명확하게 규정하는 순간, 시대 상황이나 환경의 변화에 따른 보충 규정을 삽입하기 곤란해진다. 법률 개정이나 기타 위임 입법을 통해 해결해야 하는 문제가 있다(헌법 소원의 문제는 일단 논외로 하고).

또 하나의 문제는 교권을 명확하게 규정하기 위해서는 사회적 또는 전체 교사의 의견 일치를 보아야 하는데, 그 합의를 도출해 내는 것이 사실은 거의 불가능하다. 우리 사회에 도사리고 있는 온갖 진영 논리가 교권의 정의에 개입할 것은 불을 보듯 뻔한 일이 되고 오히려 교직 사회는 커다란 혼란에 빠질 것이다.

그래서 우리 교사들은 아주 막연한 개념의 '교권'에 의존한다. 뭐라고 단정할 수 없는 것은, 단정하기 전까지의 모든 상황을 포함하기 때문에 보장과 침해가 언제나 상충하는 것이 현실이다.

학생 인권은 조례로 규정한 도 교육청이 있기 때문에 그 범위가 비교적 분명해졌다. 사실 분명한 학생 인권 조례에 비해 불분명한 '교권' 탓에 한계의 문제가 논의되는 것도 무리는 아니지만 아주 분명하게, 그리고 다시 한번 강조하지만 이 둘은 필요하고 동시에 충분한 관계다.

방향, 관점의 오류

서이초 교사의 죽음을 두고 문제 해결 방법으로 학생 인권 조례를 들먹이는 현재의 집권 여당, 교육부 그리고 일부 인사의 망발을 들으며 이들이 지향하는 곳이 어딘지 다시 한번 확인한다.

이들이 공교육을 바라보는 관점은, 놀랍게도 자본의 확대 재생산을 위한 근대적 훈련방식이다. 거기에는 오로지 지침과 수행의 단선적인 절차만 있을 뿐이다. 더러 창의적 발상도 존중되지만, 그것은 자본의 증대에 이바지했을 경우만 해당한다.

이런 관점은 교육이 추구하는 사람에 대한 존중은 거의 없다. 따라서 학생 인권이니 하는 말은 이들에게 어색하고 불편한 말이다. 더불어 학생 인권을 교사의 교육 권한에 대립시킴으로써 잘못된 교육관과 부조리한 사회적 문제로 인한 교육활동 침해를 교사, 학생 쌍방의 문제로 논점을 흐리려는 시도로 볼 수밖에 없다.

지금, 이 상황은 부당한 학보모에 의한 교사의 인격권 침해와 그 상황을 가중시킨 학교 내부의 구조 그리고 교육부 등 교사의 교육활동에 대한 상급기관의 무능에 가까운 무관심일 텐데 이들은 이 모든 것을 뭉개고 오로지 학생 인권 문제로 초점을 돌리려 하고 있다.

하지만 이 나라의 건강한 사람들은 이제 쉽게 그런 방향 전환에 잘 속지 않는다. 예전처럼 언론을 동원해도 무슨 방법을 써도 사람들의 생각은 분명하다. 다시 말해, 이제 문제의 핵심이 무엇인지 정확하게 이해하고 있다. 그리고 천천히 문제를 해결할 것이다.

교육권, 교사의 권리

교육권이란 교육을 받을 권리(헌법 31조)와 교육을 할 권리가 합쳐진 말이다. 그런데 교육을 할 권리는 주체가 모호하다. 대부분 국가가 가진 권리일 가능성이 크다. 그러니 교사가 교육권의 주체라고 말하기는 곤란한 부분이 있다.

교권 역시 모호하다. 우리나라 어떤 법률, 명령, 규칙에도 교권에 대한 명시적 규정은 없다. 없는 이유야 많다. 하지만 명시적으로 규정하는 순간 더 복잡한 문제가 생겨난다. 규정에 포함되지 못한 교권의 문제가 지속적으로 생겨 날 것이고, 이미 규정된 교권 역시 해석의 문제가 지속적으로 발생할 것이다. 하여 포괄적으로 이해하는 것이 더 타당하다.

교권, 즉 교사의 권리는 엄밀하게 표현하자면 교사의 권한이 적절한 표현이다. 권리란 권한과 권능이 합쳐진 것인데 권한은 말 그대로 범위가 정해져 있는 힘이다. 교사에게 부여된 범위(권한)가 점점 좁아지니 그래서 문제인 것이다. 즉 교사 권한의 축소가 지금 상황의 원인 중 하나에 해당한다.

학생을 교육하는 것은 헌법과 법률에 의해 교사에게 부여된 권한 범위 내에서의 모든 교육적 활동이다. 이것을 침해하거나 축소 또는 왜곡하는 것은 헌법과 법률에 위배되는 것(불법행위)이므로 강제적 제한(형벌)이 가해져야 한다. 교사가 죽음에 이르기까지 끊임없이 침탈당한 교사의 권한에 대한 어떤 제재도 없는 것이 현실이다.

하여 원인을 규명하고 위법적 사례가 있다면 분명한 법적 책임을 물어야 한다.

분위기와 다른 현실

2023년, 국가와 사회 그리고 학교가 아무런 방어막이 되지 못한 상황에서 23세의 젊은 교사가 홀로 모든 것을 견디다 마침내 죽음을 선택한 안타까운 사건 이후 일 년이 지났다. 수많은 교사가 당하고 있는 불편부당함이 서이초 선생님 한 분의 죽음으로 드러났을 뿐 아직도 여전히 학교에서는 유사한 사건이 일어나고 대부분의 선생님은 그저 혼자 그 문제와 싸우고 있다. 도대체 국가는 어디에 있고, 우리 사회의 '정당성'과 '합법성' 그리고 '공화'의 가치는 어디에 있는가 하는 의문을 품지 않을 수 없다.

2023년 가을, 국회는 부랴부랴 기존의 법률을 개정했고(2023.9.27.) 2024년 3월 28일에 법이 시행되었다. 그 법률이 '교원의 지위 향상 및 교육활동 보호를 위한 특별법'(약칭 '교원지위법')인데 아래와 같이 규정하고 있다.

> 제2조(교원에 대한 예우) ① 국가, 지방자치단체, 그 밖의 공공단체는 교원이 사회적으로 존경받고 높은 긍지와 사명감을 가지고 교육활동을 할 수 있는 여건을 조성하도록 노력하여야 한다.

② 국가, 지방자치단체, 그 밖의 공공단체는 교원이 학생에 대한 교육과 지도를 할 때 그 권위를 존중받을 수 있도록 특별히 배려하여야 한다.

③ 국가, 지방자치단체, 그 밖의 공공단체는 그가 주관하는 행사 등에서 교원을 우대하여야 한다. 〈개정 2016. 2. 3.〉

④ 제1항부터 제3항까지에서 규정한 사항 외에 교원에 대한 예우에 필요한 사항은 대통령령으로 정한다. 〈신설 2016. 2. 3.〉

위 법률 ①, ②, ③, ④항은 모두 개괄적인 사항을 제시하고 있다. ~노력하여야 한다, ~배려하여야 한다, ~우대하여야 한다, ~필요한 사항은… 다시 말하면 하위의 훈령이나 조례, 규칙이 만들어져야 한다는 것을 강제하고 있다. 이를테면 담당 부처, 즉 교육부의 훈령이나 각 지방자치단체(특별, 자치 시 및 각 도) 의회의 조례, 각 지방자치단체(도 교육청)의 규칙이 뒤따라야 하는데 아직 이 법률에 의해 제정된 구체적인 훈령, 조례, 규칙은 미미하거나 거의 없다(개정 이전에 제정된 것은 있다).

교사에게 닥친 이 엄청난 위험과 부조리의 원인을 우리는 이미 잘 알고 있다. 국가와 사회가 그리고 학교를 관할하는 도 교육청이 적극적으로 선생님들의 교권을 보호해야 한다는 것이 이 법의 제정 이유인데 법률 자체는 모두 선언적 규정뿐이다. 개정 전에 제정된 위임조례는 '법률지원단' 규정이 전부다.

공격과 방어 논리로 추락한 교권

2023년 9월 1일 교장에서 교사로 돌아와 처음 겪은 교권침해는 놀랍게도 학생에 의한 것이 아니라 학교, 즉 교장·교감에 의한 것이었다. 이를테면 개인의 복무(연가, 출장)를 위해 교장이나 교감의 사전 승인을 요구하는 것에 잠시 참담했었다. 아주 미미하지만, 교장이 교사의 고유한 권한을 침해하는 것을 당연한 과정이나 합법적 절차처럼 이해하고 있는 다른 교사들의 태도를 보며 놀라지 않을 수 없었다.

대한민국 학교에서 학생에 의해 침해되는 교권과 학부모에 의해 침해되는 사소한 교권은 부지기수지만, 놀랍게도 교사에게는 그 어떤 방어 장치도 없다. 뭔가 특별한 일이 일어나고, 그 일이 교사의 삶 자체를 흔들어 놓는 단계에 이르러서야 비로소 법이 작동하는 것을 보며 교권보호는 철 지난 유행가 이상도 이하도 아니라는 생각이 든다.

결국, 가치의 문제로 회귀한다. 사회와 국가의 가치가 학교와 교사를 단순 도구화시키는 이 천박한 자본주의 사회에서 교권은 그저 공격과 방어의 상대적인 권한쯤으로 치부된다. 이전 시대의 신성한, 고결한, 권위는 이제 흔적조차 없고 철저한 계산과 공격 방어 논리로 모든 것을 해결하려 한다. 정확한 통계는 없지만, 최근 학교를 무대로 하는 법률시장이 변호사들의 주무대가 되고 있는 것을 보며 우리는 이미 회복할 수 없는 지경에 와 있는지도 모른다.

법률지원단이라는 위임규칙이 이 모든 상황을 대변하고 있다. 이제는 법률에 의해 보호받을 수밖에 없다는 이야기다. 법률은 개인의 삶이 극단에 이르렀을 때 비로소 필요한 것이라고 본다면 학교는 더 이상 인격 완성의 장도 아니고 더 이상 스승과 제자의 아름다움이 있는 장소도 아닌 오로지 힘에 의한 질서가 판을 치는 비정한 뒷골목과 다름이 없는 곳이 되고 만 것이다.

　역시 이런 문제 뒤에는 대학 입시가 있고 그 입시를 부추기며 이권을 추구하는 권력과 자본이 있다는 것을 우리는 잘 알고 있다. 그 압도적 불의를 위해 나는 오늘도 조건 없이 헌신하고 있는 이 상황에 깊은 자괴감이 든다. 퇴직이 얼마 남지 않은 것이 다행인지 불행인지 알 수 없지만, 이 부조리를 부수기 위해 수많은 교육운동이 있어왔지만 여전히 우리는 그 자리를 맴돌고 있었나 보다.

3장

교육과정과 혁신 그리고 방향

중학교 교육의 목적과 교육 혁신

 평생을 고등학교 교사로 보내다가 2019년 9월에 중학교 교장이 되었다. 중학교에 근무하게 되니 자연스럽게 중학교 교육의 목적에 관심이 생긴다. 법률적 근거를 찾아보니 목표가 있기는 한데 몹시 난해하고 동시에 애매한 단어로 제시되어 있다.

 2012년 3월 21일에 개정된 초·중등교육법 제41조 중학교 교육의 목적은 참 애매하다. 중학교 교육의 목적에 대하여 제41조에는 이렇게 명시되어 있다. "중학교는 초등학교에서 받은 교육의 기초 위에 중등교육을 하는 것을 목적으로 한다." 여기서 '초등학교에서 받은 교육의 기초'라는 것도 참으로 애매하고 또 중학교 교육의 목적을 이야기하다가 갑자기 제시된 '중등교육'이라는 것 또한 애매하기 마찬가지다.

그나마 교육부에서 발행한 2015 교육과정 총론 부분에 '중등 교육'에 대하여 좀 더 자세히 기록되어 있다.

"중학교 교육은 초등학교 교육의 성과를 바탕으로, 학생의 학습과 일상생활에 필요한 기본 능력과 바른 인성, 민주 시민의 자질 함양에 중점을 둔다"라고 되어 있다. 그러나 애매한 것은 여전하다.

총론에 있는 '일상생활에 필요한 기본 능력'은 도대체 뭘까? 일상이란 먹고 자고 쉬며 공부하는 것이라고 가정하면 먹기 위한 모든 활동과 그 배후에 숨겨진 잠재적 활동까지를 포함하고 쉬는 것 또한 쉬기 위해 필요한 조건과 과정에 대한 모든 활동을 포함한다. 여기에 학생이기 때문에 부가되는 공부는 더 많은 보조 개념이 필요하다. 이 모든 것을 다 포함한다면 너무 힘들어진다.

먼저 '기본'은 뭘까?

사전적 의미로 基本(기본)이란 사물이나 현상, 이론, 시설 따위의 기초와 근본을 말한다. 영어로는 'Basic'이다. 자 이렇게 하나씩 풀어헤쳐 놓으니 그 뜻은 더 난감해진다. 더 많은 개념이 곳곳에 개입하게 되고 더 많은 해석이 가능해진다. 이거 문제 아닌가? 중학교 교육의 목적이 기본이라는 말에서부터 이렇게 혼란스럽다니…….

다음으로 '바른 인성'이라는 말에 마음이 쓰인다. 무엇을 기준으로 '바른'이라는 말을 썼을까? '올바른'이나 '바른' 같은 단어는 우리가 살아오면서 수없이 들어온 말이기는 하다. 그런데 우선적으로 해결되어야 할 문제가 '무엇을 기준으로 할 것인가?'이다. 자의적인 기준으로 이 '바른'을 해석하고 적용하는 것을 우리는 또 얼마나 보아왔던가! 지금도 여전히 동네 어귀에 서 있는 '바르게 살자' 비석은 그 모든 것을 설명해 준다.

'민주 시민'이라는 말도 역시 의미가 매우 광범위한 단어임이 틀림없다. 아주 상식적으로 그리고 매우 일반적으로 '민주 시민'을 정의할 수 있는 말은 빨리 떠오르지 않는다. 다만 관념적이며 동시에 통상적인 의미로 수용될 뿐이다. 전 세계 모든 국가가 그들의 나라 이름 앞에 '민주'를 어김없이 넣는 이유와 중학교 교육목적에 '민주'를 넣은 이유는 크게 다르지 않을 것이다.

그러고 보니 중학교에서 아이들을 가르치는 나의 모든 것이 돌연 무거워진다. 먼저 '기본'을 알게 하여야 하고, 다음으로 매우 모호하지만 '바른 인성'을 길러야 하며, 마지막으로 '민주 시민'을 길러야 한다.

이 관념적이고 모호한 중학교 교육의 목적을 중학교 학생들도 이해할 할 수 있는 쉬운 단어로 바꾸어 보자.

이를테면 "초등학교에서 배운 내용을 좀 더 넓고 깊게 배워, 몸과 마음이 함께 성장하기 위해 노력하며 봉사하고 헌신할 줄 아는 사람이 된다."

본래 제시되어 있는 중학교 교육의 목적인 '중학교 교육은 초등학교 교육의 성과를 바탕으로, 학생의 학습과 일상생활에 필요한 기본 능력과 바른 인성, 민주 시민의 자질 함양에 중점을 둔다'와 위의 글을 비교해서 빠진 것이 있나?

 이렇게 하나 둘, 우리를 둘러싼 모든 일을 되짚어 보고 부조리하거나 혹은 난해한 말들과 제도를 우리가 지킬 수 있고 실현 가능한 것으로 하나둘 바꾸어 나가야만 자라는 아이들이 좀 더 새로운 교육을, 새로운 공기를 느끼게 될 것이다. 이것이야말로 교육 혁신의 길이 아닐까 하는, 다소 건방진 생각을 해 본다.

'추구하는 인간상'

 2022 개정 교육과정 총론의 '추구하는 인간상'에는 이렇게 제시되어 있다. "우리나라의 교육은 '홍익인간의 이념 아래~' '인격을 도야하고, 민주시민으로서 필요한 자질을 갖추어~' '민주 국가의 발전과 인류 공영의 이상을 실현~'을 목적으로 한다." 4가지로 요약하여 아래와 같이 제시되어 있다.

가. ~ 자아정체성을 확립~ 자기 주도적인 사람
나. ~ 진취적 발상과 도전을 통해 ~ 창의적인 사람
다. ~ 교양 있는 사람
라. ~ 다양성을 이해하고 ~ 민주시민으로서 배려와 나눔~ 협력을 실천하는 더불어 사는 사람

참으로 타당하고 공감하며 바라 마지않을 인간상이다. 지난 40여 년 교직에 있으면서 나는 이런 사람을 키우려고 노력했고, 일부는 성공한 경험도 있지만 돌아보니 후회가 더 크다.

어쨌거나 2022 교육과정 총론이 추구하는 인간상은 참 멋진 말들의 잔치다. 그런데 지금 중등 교육의 실상은 이런 인간상 구현과는 점점 멀어져 가고 있다.

사실 학교에서 교사로 수업을 하지 않는 교감, 교장, 그리고 장학사, 장학관들은 전혀 알 수 없는 것이 매시간 그리고 매일 달라지는 아이들의 미묘한 변화와 속도, 그리고 방향이다. 약 한 달 남짓 방학을 지나고 와서 수업을 해 보아도 아이들과 호흡이 잘 맞지 않는 것이 학교 교실, 그리고 수업 현장인데 짧게는 1~2년, 길게는 10년 이상을 떠나 있는 그들이 아이들을 이해할 리 만무하다. 특히 교육부에 있는, 그리고 이런 문건을 개발하는 산하기관의 석, 박사들과 대학교수들은 현재 중·고등학교 아이들의 삶의 변화를 전혀 모르는 채 이 '아름다운' 말들을 하고 있는 것이다.

학교에서 수업 현장에 있지 않고 간접적으로 아이들의 이야기를 듣는 것은 오해의 소지가 매우 크다. 이를테면, 아이들의 겉모습만 보고 그들의 마음을 안다고 생각하는 것과 다르지 않다. 개인적으로 교장 4년 동안 아이들과 늘 함께했다고 자부했었다. 심지어 일주일에 반드시 한 시간 이상 수업도 했다. 하지만 다시 교사로 돌아와 고등학교 수업 현장에 있는 지금, 지난 4년 동안 가졌던 아이들에 대한 생각과 판단은 상당한 오류가 있음을 자인한다.

앞에서 말한 바와 같이 아이들은 성장해야 한다. 맞다! 그것을 반대하는 것이 아니다. 중요한 것은 교육부와 교육청 그리고 학교의 교장·교감은 아이들의 성장을 위해 스스로 무엇을 하고 있는지 돌아보는 것이다.

자아정체성을 가지고 자기 주도적인 사람을 키우기 위한 제도적 장치는 충분히 조성되어 있는가를 살펴보라!

창의적인 사람이 되기 위한 교실 분위기와 진로를 제도적으로 보장하고 있는지 먼저 살펴보라!

교양 있는 사람이 되기를 바라면서 아이들을 입시지옥으로 내모는 지금의 입시제도를 먼저 살펴보라!

아주 가까운 예로 지금 내가 근무하고 있는 고등학교 아이들의 삶을 이야기해 보자. 고등학교 2학년 담임 교사인 나는 아이들의 삶을 제법 가까이 살펴볼 기회가 있다.

어떤 아이는 이미 자신이 대학에 갈 성적이 아니라고 판단하고 거의 대부분의 수업 시간에 잠을 청하거나 딴짓을 한다. 그러다가 과목 담당 교사에게 지적을 당하게 되고 담임인 나에게 인계된다.

나는 이미 그 아이 사정을 알고 있으니 다그치지는 않는다. 그저 다른 선생님 수업에 최소한의 예의를 지키라는 너무나 형식적인 말 예외는 할 말이 없다. 그 아이의 삶은 이미 대입이라는 거대한 구조와 제도 탓에 무너졌는데 교양이나 창의, 자아정체성 따위의 고급 언어가 무슨 소용이 있을까?

　주도적으로 자신의 미래를 꾸릴 힘은 중고 시절부터 시작하여 성인이 될 때까지 지속적으로 배양되어야 할 능력이다. 그럼에도 불구하고 현재의 교육과정, 특히 시행되고 있는 고교학점제는 고등학교 1학년 2학기 때 거의 자신의 진로를 결정해야 하는 부조리를 안고 있다. 이유인 즉 고등학교 1학년 2학기 때 2학년부터 들을 선택과목을 결정해야만 한다. 그 과목이 구체적으로 어떤 것인지, 그리고 자신이 그 과목을 듣고 어떤 대학을 갈 것인지를 결정해야 하는 상황이 고등학교 1학년 2학기에 펼쳐지고 2학년이 되면 선택과목에 따라 수업이 진행되는 것이다.

　아이들이 고교학점제의 취지와 자신의 진로를 잘 알고 있다면 참 다행이다. 그런데 내가 담임한 반 아이 중에 그 취지를 이해하고 선택한 아이는 매우 일부이다. 대부분의 아이에게 이 상황을 해결할 이렇다 할 도움을 주지 못한다는 것은 교사로서 참담한 일이 아닐 수 없다.

　그런 마음으로 2022 교육과정 총론을 보니 참 답답하고 동시에 무력해지는 느낌이다. 할 말이 너무 많다. 밤새 해도 할 수 있을 것 같다. 하지만 학교라는 조직, 그리고 제도는 연합체이다. 이 부조리한 제도를 기초로 하여 밤낮을 가리지 않고 교육과정을 조정하고 시간표를 짜는 교사들이 있다. 그분들도 이런 생각이 왜 없겠는가! 하지만 자신에게 부여된 임무 탓에 그리고 법적, 제도적 진행에 따라 움직여야 하기 때문에 이런 문제점에 그저 눈 감고 있을 뿐이다. 나의 비판이 오로지 교육부로만 향하면 좋겠지만, 그분들에게도 향할 수 있기 때문에 더 이상 나아가지 않는다.

자기 주도적이고 창의적이며 교양 있는 아이들을 키워 내기 위해 적합한 제도와 분위기와 상황을 조성하고 유지하기 위해 정치적 권력을 가진 교육부는 좀 더 깊이 그리고 넓게 성찰해야 할 것이다.

고교학점제에 대한
현장 교사의 독백

- 학생 맞춤형 교육을 통해 잠자는 교실을 깨울 수 있습니다.
- 미래 사회에 필요한 역량을 기르기 위해 필요합니다.
- 학생 개개인의 다양성을 지원하기 위해 필요합니다.

윗글은 고교학점제 홈페이지에 있는 고교학점제가 필요한 이유에 관해 설명한 글이다. 이 글이 얼마나 근거 박약하고 허술하며 심지어 기만적인지 고교학점제가 시행되고 있는 인문계 고등학교 교실에서 수업하는 교사들은 모두 알 것이다. 특히, 잠자는 교실을 깨운다는 말에 분노까지 치민다.

먼저, 위 고교학점제의 필요성을 생각해 내고 이런 표현을 쓴 사람은 절대 현장 교사일 수 없다. 추정이기는 하지만 대학교에서 학문을 연구하는 교수, 교육개발원에 높은 직급의 공무원들, 그도 아니면 석, 박사 과정에 있는 연구자들이 오직 자신들만의 이론에 기초하여 쓴 글일 가능성이 농후하다. 만약 현장 교사의 글이라면 세속적인 목적에 경도되어 썼거나 혹은 외국 논문이나 교육이론에 근거한 단순 사고의 결과라고 생각할 수밖에 없다.

고백하자면 나 역시도 2019년에서 2023년까지 중학교 교장으로 재임하면서 경상남도 교육청 산하 미래교육원에서 연구했던 많은 고교학점제 정착에 대한 여러 가지 논문 연구에 참여하였다. 심지어 몇 년간 그 논문에 심의까지 담당하면서 고교학점제에 대하여 매우 열심히 논의하여, 고교학점제에 대한 평균 이상의 이해도를 가진 사람이었다. 만약 내가 현장 교사, 그것도 인문계 고교 교사로 다시 돌아오지 않았다면 아마도 정년퇴직까지 고교학점제에 대한 나의 평가는 위 필요성의 표현 수준 정도이거나 혹은 그 이상이었을 것이다.

2023년 9월 진주시 내 인문계 고등학교이며 교육부 지정 고교학점제 선도학교인 진주고등학교에 현장 교사로 돌아오면서 고교학점제에 대한 내 생각은 완벽하게 무너졌다. 인문계 고등학교 2학년 교실과 3학년 교실에서 주당 16시간 수업을 하며 내가 느낀 학점제는 말 그대로 문제점투성이 그 자체였다. 이유는 다음과 같다.

문제의 중심에 대입 수학능력 시험이 있다

고교학점제의 구체적 실행방법 중 가장 핵심적인 것은 위 필요성의 슬로건에서 보듯이 '학생 맞춤형'과 선택의 다양성을 위해 학생들이 과목선택권을 가지는 것이다. 외견상 너무나 멋진 제도라고 생각할 만하다. 이 제도를 고안하고 설계한 사람들의 생각은 아마도 이러했을 것이다. 아이들이 스스로 선택한 과목을 배우는(본인이 선택했으니 즐겁게 공부할 것이라는 착각) 창의적이고 멋진 교육이 살아 숨 쉬는 학교를 상상했을 것이다. 그런데 이 제도를 고안하고 설계한 분들이 놓친 단 하나의 조건, 사실은 이 조건이 가장 압도적이다. 바로 이 나라에 있는 대입제도, 즉 수능이다.

고교학점제를 위한 고등학교 선택과목은 실로 다양하고 엄청나다. 내가 담당하는 사회과만 하더라도 3~4과목군별로 3~4개의 과목이 있으니 어림잡아 12개 정도의 교과가 아이들의 선택을 기다린다(전체 교과로 확대하면 거의 70개의 선택과목이 있다). 아이들은 과목을 선택하고 그 선택을 기초로 아이들을 선택과목별 A.B.C.D.E.F.G 그룹으로 나누는데 쉬는 시간 10분 동안 교실을 이동해야 하기 때문에 한 학년에 8학급 규모인 우리 학교의 복도는 매 시간 인산인해를 이룬다. 그리고 아이들은 선택한 교실에서 선택한 수업을 듣는다. 그런데 대부분 잠을 청한다. 2023년 9월, 교장에서 교사로 돌아온 첫 달, 3학년 수업을 들어갔는데 수업 시작 후 10분도 되지 않아 아이들이 거의 잔다. 처음에는 이 상황이 너무나 이상

했고 동시에 화가 났다. 이유를 모르니 답답하기만 했다.

  10월이 되기도 전에 나는 이유를 알아버리고 말았다. 내가 가르치는 과목은 다양한 선택과목 중에 한 과목으로 수능과는 완전히 무관하다는 것이다. 뿐만 아니라 내가 가르치는 교과목을 선택한 아이들은 두 부류인데 아예 성적에는 관심이 없어서 잠을 자겠다는 아이들과 또 한 부류는 이 시간에 자신이 부족한 교과(수학이나 영어) 공부를 하겠다는 생각으로 선택한 아이들이다. 내가 이 학교에 오기 전에 이미 이런 구조로 정착된 상황이었던 것이다.

  그러면 비교적 공부를 할 만한 아이들을 잘 설득해서 수업을 진행하면 어떨까? 거기에는 또 다른 문제가 기다리고 있었다. 예를 들어 2학년 때 이(理)과 과목(화학이나 생물)을 공부한 아이들이 3학년이 되어 다양성 보장에 따라 비교적 수업 내용이나 분위기가 견디기 쉬운 사회과 과목을 선택하는데 문제는 사회과에 대한 1, 2학년 당시 선행 학습이 없는 아이들이라 내가 가르치는 이 과목 교과 내용은(교과 위계에 따라 구성된 이 교과 내용) 완전히 생소한 수업이다. 또 3학년 선택과목은 '진로선택'(필수 선택은 이미 마친 상황)이라 아이들의 내신에 큰 영향을 주지 않는(진로선택 과목은 전체 내신 성적 평정에 큰 영향을 주지 않음) 사실이다. 그러니 아이들은 내 수업 시간에 자거나 다른 공부를 하는 것을 당연하게 생각한다. 어떤 위협도 설득도 의미가 없다. 이런 상황이 국·영·수를 제외한 3학년 대부분 교실(국·영·수라 하더라도 선택으로 풀린 과목은 예외가 아니다)의 상황이었는데 이것이 고교학점제로 자는 아이를 깨우고 동시에 미래 역량을 키우는 교실이란 말인가!

'선'과 '악'

　애당초 고교학점제를 고안하고 설계한 사람들은 흔히 말하는 진보적 계열의 교육활동가들이었다. 아이들의 다양성과 창의성, 그리고 학교 수업의 개선과 다양한 교수 학습지도 모형의 확대를 목표로 이 제도를 설계했을 것이다. 지난 수년간 여러 학교에서 연구학교와 시범학교를 거쳐 본격적으로 시행되고 있으니 아마도 정책 담당자들은 제도의 문제점은 이미 최소화되었고, 실행과 정착이 과제라고 생각할 것이다. 이미 이 제도를 위해 학교의 물리적 구조를 바꾸고 새로운 수업 공간을 위해 엄청난 예산을 쏟아부었다. 이미 돌이킬 수 없는 지점까지 와 버린 고교학점제는 이제 고등학교 아이들의 삶에 큰 영향을 줄 것임이 틀림없다.

　그러나 이 제도를 한 번만이라도 시행한 학교 현장 교사들의 이야기를 들어보면 상황은 완전히 달라진다. 지금 워낙 제도 정착을 위해 교육부, 교육청이 거세게 몰아붙이기 때문에 현장 교사들의 목소리는 거의 들리지 않지만, 제도 시행을 통해 나타난 문제점은 너무나 많아서 글로 옮기기조차 힘들다. 결정적인 것은 앞의 고교학점제의 취지와는 완전히 다른 교실이 되어가고 있다는 것이다. 아이들은 자거나 다른 공부를 하는 교실, 선택의 다양성은 선택과목의 수와 이름에만 있는 비교육적 교실이 되고 만 것이다.

그 결정적인 이유는 앞서 이야기한 것처럼 이 땅에서 사라지지 않는 대입시험, 즉 수능이 고교학점제의 가장 큰 걸림돌인데 대입은 이제 너무나 견고한 벽이라 감히 누구도 그 벽의 정당성이나 타당성을 제기할 수 없을 정도가 되었다. 수능을 위해 12년을 달려온 인문계 고교의 학생들에게 현재의 고교학점제는 지금대로라면 거추장스러운 장식이거나 아니면 아예 장애물이 될 공산이 크다. 이런 복잡한 분위기가 현재 인문계 고교의 고교학점제 현장 상황이라는 것을 정확하게 알 리 만무한 교육부나 교육청은 여전히 고교학점제 추진에 만전을 기한다는 원칙론에서 모든 일을 처리하고 있다. 수능과 고교학점제 두 제도 중의 하나를 취사선택하라면 이 땅의 학부모 그리고 인문계 고등학교 아이들은 당연히 수능일 것인데 이 태도를 누가 비난할 수 있을까?

아무리 선한 의지로 제도를 구상하여도 그 제도에 의해 움직이는 사람들을 피폐하게 하고 동시에 힘들게 한다면 그것은 선이 아니라 악일 수밖에 없다. 개인적으로 정년이 코앞인데 수업을 통해 아이들과 같이 호흡하고 탐구하면서 새로운 세계를 꿈꾸는 것은 이제 가망 없는 일이 되어가고 있다.

과목별 세부능력 및 특기사항에 대한 유감

　2019년 8월까지 고등학교에 근무하다가 그해 9월에 중학교 공모교장으로 임용되어 4년을 보내고 2023년 9월 1일 다시 고등학교 교과목 교사로 돌아온 내가 2023년 하반기에 당면했던 가장 큰 부담은 바로 학생생활종합기록부(이하 '학생부')에 있는 과목별 세부능력 및 특기사항(이하 '세특')을 기록하는 것이었다. 중학교에서도 비슷한 것이 있기는 하지만 교장이어서 할 필요가 없었고, 4년 전 고등학교에서도 일부 과목에 한해서 필요한 학생만 기록하는 것이었는데, 2019년 11월에 발표한 '대입제도 공정성 강화방안'에 따라 2020학년도부터는 모든 과목, 모든 학생으로 확대되었다.

모든 과목, 모든 학생으로 확대

2024년 올해 내가 담당하는 과목은 3학년 진로선택, 사회과 교과군 중 '한국 사회의 이해'라는 과목이다. 자신의 진로를 위한 과목이기 때문에 선택하는 학생들이 다른 필수 교과군에 비해 인원이 적다(217명 중 45명). 그리고 아이들이 이 과목을 선택한 배경은 과목 공부에 대한 부담을 조금 줄여보자는 의도가 일부 있다. 그런 배경에 따라 수업은 대부분 토론 수업으로 진행한다. 하지만 그 과정에서 모든 아이의 특성을 파악해야만 모든 학생의 '세특'을 기록할 수 있다. 이전처럼 수업 중 특별한 능력을 보이는 아이들의 '세특'을 쓰는 것은 그리 어렵지 않다. 하지만 수업을 듣는 모든 아이의 '세특'을 쓰는 것은 전혀 다른 문제다. 이를테면 수업 진행을 하면서 아이 한 명 한 명을 모두 체크해야 하는데, 이것은 거의 전지적 능력이 요구된다. 다르게 표현하자면 특별한 활동을 한 일부 학생을 제외한 나머지 학생에 대한 '세특'은 교사가 신이 아닌 이상 정확하지 않은 사실에 기초할 수도 있다.

대입이라는 제도의 취지에 맞춰 내가 담당하는 과목을 본다면 이 과목의 대입 전형 기여도는 사실상 매우 낮다. 과목 교사로서 자존심의 문제를 떠나 아주 객관적으로 접근해 보면 그렇다는 이야기다. 이런 과목 특성에 비춰볼 때 그 필요성이 상대적으로 낮아 보이는 '세특'을 모든 학생에게 빠짐없이 기록한다는 것은 교사의 능력을 과대평가하거나 아니면 교사에게 업무를 과중하게 부담 지우려는 교육부의 다른 의도가 아닐까 하는 생각이 들 정도이다. 물론 필요한 학생도 있다. 사실 이것은 교육부 훈령이기 때문에 교육부 장관의 의도에 의해 충분히 변경될 수 있는 일이다. 절대로 일어나지 않을 일이지만 아마 교육부 장관이 수업 장면에 단 한 번이라고 참여해 보면 모든 학생의 기록에서 다시 일부 학생의 기록으로 바뀔지도 모른다.

1500바이트의 함정

1,500바이트는 한글 문서 기준으로 공백 제외한 약 460자 정도의 분량이다. 모든 학생에게 460자의 글을 쓰기는 사실상 어렵다. 따라서 아주 적게는 100여 자 내외로 쓰기도 한다. 그러면 그 학생은 자신의 학생부를 출력해 보고 그것이 대입에 적용되든 혹은 되지 않든, 왜 분량이 적은지에 대해 의문을 가진다. 특히, 나와 같은 진로선택 과목은 별다른 문의가 없지만, 중요 과목에서 자신의 세특 분량이 적은 경우 담당 교사에게 이의를 제기하는 경우가 생긴다. 이런 경우의 수를 없애기 위해 교사들은 아예 1500바이트를 채우려고 노력한다.

적게는 100명에서 많게는 250여 명이 넘는 학생의 학생부에 1,500바이트 즉, 460자를 각기 다른 내용으로 쓴다는 것은 교사에게 모든 개인적인 생활을 접고 아이들 '세특'에만 올인하라는 이야기와 같다. 460자×200명=92,000자, 통상 A4 기준으로 한 면을 완전히 채우는 데 필요한 글자 수가 공백 제외(한글 문서 기준) 1,500자로 가정하면 약 61페이지 분량이다. 61페이지는 웬만한 논문과 같은데, 문제는 그 기록이 모두 사실에 기초해야 한다는 것이다. 이를테면 소설을 쓰는 것이 아니라 수업 중에 일어난 사실을 기초로 하여 그 61페이지가 기록된다는 것인데 현재 교사의 처우로 볼 때 이 일은 분명 각 교사의 교육적 열정을 넘는 일이라고 생각한다.

교과목 교사의 부담도 크다. 하지만 담임교사는 교과목 교사보다 써야 할 항목이 더 많다. 학생부의 창의적 체험활동의 진로활동부터 시작하여 독서활동 그리고 행동특성 및 종합의견까지 합치면 학생 1인당 5,100바이트의 기록이 학기 말에 완성되어야 한다. 글자 수로 친다면 1,000자에 해당한다. 반 학생이 25명이라면 25,000자를 써야 한다. 당연히 사실에 근거한 기록이어야 하며 특별할수록 대입에 도움이 된다. 하여 기를 쓰고 뭔가 특별한 활동을 하려고 노력한다. 현재 중등학교 교사에게 이런 엄청난 부담이 있다. 현장에서 담임을 기피하는 중요한 원인 중에 이 요인도 분명 있다.

A.I.를 이용한 편법

'과목별 세특'은 일 년에 두 번 있는 교사들의 방학을 유린하기 일쑤다. 방학은 교사들에게 매우 중요한 기간인데, 그 시간을 세특 쓰기에 뺏기고 있는 것이다. 그러자 교사들은 세특 쓰기에 A.I.를 이용하기 시작했다. 일부 학교에서는 아예 A.I.를 이용한 과목별 세특 쓰기 연수도 하고 있다. 이렇게 A.I.를 이용한 과목별 세특 쓰기가 유행하면서 이제는 A.I.를 사용하지 않고 세특을 쓰는 교사가 없을 정도다. 일은 편해졌으나 몹시 찜찜하다. 과연 A.I.를 이용하는 것이 타당한지 혹은 교육적인지 고민이 앞선다.

본래 과목별 세특의 의도는 수업 활동의 충실화에 있었다. 수업 중에 교사와 학생, 그리고 학생들 사이의 상호작용을 통해 수업 목표에 도달하는 과정을 사전에 작성해 두었다가 학기 말 학생부에 기록하는 것이다. 그런데 이 일이 이루어지려면 지금 주당 수업 시간 수로는 불가능에 가깝다. 퇴직을 일주일 앞둔 나를 포함해서 우리 학교 선생님들의 2학기 주당 평균 수업 시수는 16~18시간 심지어 특정 과목은 20시간이나 된다.

일주일 총 수업 시간을 감안한다면 거의 살인적인 수업 시간이다. 50분 수업을 하루 최소 3시간 이상은 해야 하는데, 앞서 이야기한 수업 중에 있었던 사실을 수업을 마치고 학생 한 명 한 명의 수업활동을 복기하여 기록하려면 하루 1시간 이상의 수업은 무리다. 일주일 수업으로 치면 6시간 정도면 가능하다. 그런데 현재 이 땅 고등학교 어디에도 주당 6시간 수업은 없다. 하는 수 없이 궁여지책으로 생각해 낸 것이 A.I.를 이용한 세특 쓰기다(내가 찾아본 바에 의하면 세계 어디에도 이렇게 모든 학생의 과목별 세특을 쓰는 나라는 없다).

그런데 이것이 바람직한가? 좀 더 정확하게 A.I.를 이용한 세특 쓰기가 세특의 본래 취지는 고사하고 고등학교 교육을 엉뚱한 방향으로 몰고 가는 것은 아닌가 하는 우려가 있다. 이제 정년을 일주일 앞둔 나는 교육 현장에 물밀듯이 밀려오는 거대하고 무서운, 그러나 매끈한 얼굴의 A.I.를 본다. 사실 A.I.로 쓰는 세특이 무슨 의미가 있을까? 그렇게 작성한 세특을 보고 대학은 아이들의 수업 활동과 상황을 제대로 판별할 수는 있을까? 이렇게 A.I.가 개입된 세특이나 학생부가 넘치면 오히려 세특 무용론이 나오고, 나아가 학생부 전체의 무용론이 나올지도 모른다. 그것을 누군가 바라고 있는지도 모른다. 역설적이지만 나 역시도 그렇게 되기를 바라고 있다.

대입제도 공정성의 그늘

대한민국 정부와 교육부는 오랜 세월 막대한 예산과 노력을 통해 대입의 공정성을 보장하기 위해 노력해 왔다. 하지만 그러한 노력에 대한 객관적인 평가는 그렇게 우호적인 분위기는 아니다. 핵심은 국가가 대학 신입생 선발권을 한사코 포기하지 않는 범위에서 모든 제도가 구성되었고 또 시행되었다는 사실이다. 대학이 우리 사회에서 가지는 상징적인 의미가 이런 상황을 만들었을 것인데 이 문제는 아주 복잡한 연원이 있기 때문에 함부로 시시비비를 따질 수는 없다.

1980년에 대학입학을 한 나의 경우, 국가가 시행하는 예비고사를 치른 후 당해 대학에서 준비한 본 고사를 통해 대학에 입학했다. 그 후 대입제도는 상전벽해를 몇 번이나 겪었는지 모른다. 지금 대입제도 전체를 정확하게 알고 있고 개별 학생들에게 적용할 수 있는 교육부 당국자나 고교 교사는 거의 소수의 인원일 것이다. 그만큼 복잡하다.

　그 복잡함의 배경에는 공정성이라는 대원칙이 있는데 현직 고교 교사인 나는 그 절대 원칙인 공정성을 거의 실감하지 못하고 있다. 오히려 공정성이 날로 훼손되고 있음을 자주 느낀다. 정교하게 짜 놓은 대입제도의 공정성을 파고드는 세력이 있음을 수시로 느낀다. 공정성이 훼손된 단적인 증거가 유행가처럼 떠도는 서울 지역 대학 순위와 서울 지역 대학과 지역 대학의 심각한 격차 등이다. 내가 대학에 입학하던 당시 지방에 있는 대학도 단순한 입학성적 비교로만 보자면 전국 10위 권 대학에 이름을 자주 올린 것으로 기억한다. 하지만 40년이 지난 지금 지방에 있는 대학은 대부분 모집 정원의 부족을 걱정하는 처지에 이르렀다. 이것은 공정성이 거의 무너졌다는 이야기인데 어찌 된 일인지 교육부와 대한민국 정부는 여전히 이런 상황에는 별 반응이나 대책을 내놓지 않는다.

작은 결론

고고 교사들의 과중한 업무량, 즉 모든 학생의 '세특'을 써야 하는 문제가 대학 입시 공정성의 문제로 연결되는 자연스러운 과정을 이야기하면서 학교 교육의 본질에 대하여 다시 한번 생각해 본다. 이렇게 복잡하고 다양한 제도적 장치 속에서 성장하는 우리 아이들이 날로 실력이 향상되고 학교생활이 건강해지며 그 영향으로 다양한 분야에서 자신의 능력을 펼쳐야 하는데 현실은 그렇지 못하다는 데 있다.

이미 시작된 고교학점제는 이전에 밝힌 바와 같이 고교 교육의 본질을 위협하는 수준이고, 내년부터 시행될 디지털 교과서는 수많은 전문가와 학자 그리고 현장 교사들이 재고를 요청함에도 강행하려는 정부와 교육부를 보면서 이런 제도 시행의 본질이 아이들의 견실한 성장을 위한 것이 아니라는 매우 합리적인 의심이 들 정도이다. 힘을 가진 일부의 생각이 전부를 위협하는 정책은 더 이상 교육이라는 이름으로 시행되지 않아야 한다.

기초, 개념 교육은 보수적인가?

기초, 개념 교육

현재 내가 가르치고 있는 고등학교 2학년 아이들과 사회 문화 수업을 하다 보면 아이들이 가지고 있는 단어와 문맥에 대한 이해 수준으로는 정상적인 수업 진행이 어려울 때가 있다. 이럴 때는 정해진 수업 진도를 무시하고 천천히 그리고 아주 기초적인 개념부터 순차적으로 아이들에게 차근차근 설명한다. 1학기 초부터 시도한 이런 방법을 의외로 아이들은 좋아한다.

어차피 사회 문화라는 교과가 고1 과정의 통합 사회는 물론 한국사, 세계사와 병렬적으로 연결되고 심지어 국어, 영어, 통합 과학의 영역까지 연결되기도 하는데, 이런 다양한 지식의 범위에서 사용되는 개념들의 이해가 지금의 고2 아이들에게는 조금 벅차 보인다. 그 이유는 다름 아닌 이들이 '코로나19'로 인한 자가학습 세대이기 때문이다. 현재 고2 아이들이 중1이었을 때가 바로 2020년(코로나로 집에서 자가학습이 시작된 해)이었으니 중학교에 입학한 아이들에게 초등학교와는 상대적으로 넓어진 교과 범위와 다양한 개념들을 교사와 함께 배울 기회가 없었던 것이다.

그 시기를 놓친 아이들에게 사회 교과에서 필수적인 개념의 이해와 그 개념의 연결이 원활하지 못한 것은 어쩌면 당연한 일이다. 비록 짧은 자가학습 시기를 보냈지만, 그 상흔은 너무나 뚜렷하다. 그래서 아이들에게 아주 기초적인 개념부터 확인하고 재인식하는, 상대적으로 느린 교사 주도적 수업을 진행하게 된 것이다.

교육관의 차이

그런데 사실 이 문제, 즉 교사가 주도적으로 실행하는 기초, 개념 학습 문제는 교육에 대한 진보와 보수적 입장이 첨예하게 맞서는 부분이기도 하다. 교육 자체가 본래 보수적이라고 주장하는 보수적 교육관에 의하면 교육은 기존의 가치와 사회 체계에 아이들을 원활하게 편입시키는 과정이라는 입장이기 때문에 이미 내부적으로 용인되고 완성된 경험과 지식(이를테면 기초, 개념 문제)과 규율을 아이들에게 가르쳐서 아이들을 그 사회의 일원으로 성장하게 하는 것이 교육의 목표라고 주장한다. 이 과정에서 교사가 학습의 주도자가 되는 것은 당연하다.

그런 맥락에서 보수적 교육관은 아이들의 지식 경쟁력을 중요시한다. 그 지식 경쟁력의 기초가 바로 교사 주도의 기초, 개념 교육이다. 그래서 이들은 교사 주도의 기초, 개념 교육이 얼마나 효과적인지를 알고 싶어 한다. 그 방법이 평가를 통해 서열을 정하는 것이다. 그 대표적인 방법이 일제고사다. 일제고사라는 개념 속에는 여러 가지 함의가 들어 있다. 즉 개인의 성적 서열은 당연한 것이고 학교 간 서열은 물론 지역 내 서열 그리고 전국 서열까지 일목요연하게 정해지는 것을 당연하게 생각한다. 그렇게 서열화된 상황이 빚어낸 또 다른 문제가 바로 서울 집중 현상이라고 해도 지나친 표현은 아니다.

이러한 서열을 개인의 능력과 일치시켜 더 좋은 상급학교에 진학하는 학생을 최고의 능력으로 상정한다. 치열한 경쟁을 뚫고 진학하여 거기서 다시 치열한 경쟁을 통해 사회를 이끄는 핵심 리더가 되어야 최고의 능력자가 되는 것이다. 이런 치열한 경쟁 과정에도 불구하고 가정, 학교, 사회의 질서와 규범을 잘 지키는 사람이 되기를 요구받는데 뭔가 대단히 부조리한 느낌이 든다. 이런 서열 중심 구조의 가장 큰 문제점은 절대다수의 열등생을 양산한다는 점이다. 또 치열한 경쟁을 뚫고 소수의 리더로 성장한 그들에게 준법을 요구하지만, 이미 그들은 자의식이 충만한 상황이라 역설적으로 가장 질서를 잘 지키지 않는 사람이나 집단이 되는 약점도 있다. 이 방식으로 성장하고 자리 잡은 소위 대한민국의 엘리트층들이 보여주는 탈법과 위법 그리고 부도덕이 그 증거다.

이와는 달리 존 듀이로 대표되는 진보적 교육관에서는 교육의 역할을 아이들이 가진 잠재적 역량을 최대한 이끌어내는 과정으로 본다("Progressive Education - How Children Learn". Thought Co. 2018-06-29). 잠재적 역량을 이끌어내기 위한 교사의 역할은 보수적 교육관에서처럼 학습의 직접적인 주도자가 아닌 학습의 관리자 혹은 거시적 촉진자의 역할[7]이 되어야 하며 대부분의 학습 활동은 아이들 스스로 문제를 인식하고 해결할 수 있도록 그 능력을 키우는 데 중점을 둔다.

진보적 교육관에서 비중을 두는 가치는 '자율성'에 기초한 협동과 협력, '창의성'에 기초한 공동체 정신, 그리고 건강한 '비판'적 태도와 정신이다. 그래서 아이들이 소수의 리더가 되기보다는 협업과 협력으로 더불어 살아갈 수 있는 능력, 다른 사람들의 삶, 나아가 사회 전체에 봉사할 수 있는 태도가 길러지기를 바란다. 하지만 자율성이 방임으로 발전할 개연성이 높고, 동시에 세대 간 지식의 전수와 개인의 역량을 성장시키는 교육의 본질적인 가치와 갈등하는 경향도 있다.

---

7 "교사의 논리적·체계적 설명보다는 아동 스스로 주체가 되어 자발적 학습으로 지식과 태도를 종합적으로 획득하는 방법을 장려한다." John Dewey, 『My pedagogical creed』, School Journal 54th, 77-80쪽

논의

다시 처음으로 돌아와 나의 기초 개념 교육이 보수적인가 또는 진보적인가를 고민해 본다. 태도의 측면에서 본다면 미세하지만, 보수적일 수 있다. 아이들이 자율 학습을 통해 개념을 익히도록 교사가 촉진적인 역할을 해야 하지만 일단 수업의 진행 일정과 계획된 수업 과정의 압박에 따라 보수적으로 교사 중심 수업을 진행하여야 한다. 그렇다고 이것을 완전히 보수적이라고 규정하기에는 곤란한 부분이 있다. 기초 개념 학습을 진행하는 것은 진보적 방향에 따른 아이들 스스로 학습할 수 있는 자율성을 키우기 위해 반드시 필요한 전제조건이기 때문이다.

결국, 보수나 진보의 구분은 이론의 성찬(盛饌)일 가능성이 매우 크다. 실제로 교육에서 보수와 진보는 교육 현장에서 항상 교차하고 있고 또 동시 진행형일 것이라고 생각한다. 반드시 구분해야 할 필요성을 가진다 해도 정도의 차이일 것이라고 생각하지만, 이 또한 미세하고 동시에 혼재하는 것이어서 각각을 구분해 내기가 만만하지 않을 것이다.

보수와 진보의 구분은 정치적 관념 체계에 종속하기 때문에 파생되는 문제도 언제나 정치적으로 분석하려 들지만, 교육과 정치가 일치될 수 없는 부분도 분명히 존재한다. 따라서 교실 현장에서 아이들과 마주하는 교사에게 보수와 진보는 언제나 완전히 분리될 수 없는 동일 실체일지도 모른다.

2022 교육과정 '대강화'에 대한 의견

 멀리 여행을 다녀왔다. 몇만 리 길을 하늘길로 다녀온 소감은 의외로 덤덤하다. 그렇게 2023년 1월 초순이 지났다. 특별한 목적이 있어 다녀온 여행이 아니어서 여행에 대한 소회를 밝히기는 어렵다. 다만, 여행을 떠나기 전부터 그리고 이리저리 옮겨 다니는 기간 내내 머릿속에는 '2022 교육과정'과 '대강화'라는 단어가 맴돌았다.

 언어(문자)가 사고를 지배하는 것인지 아니면 사고의 결과가 언어(문자)로 표현되는 것인지에 대한 논의는 오래전부터 있어왔다. 대체로 현재의 가설은 언어가 사고를 지배한다는 쪽이 우세하다. 즉, 고대 인도의 서정 시인 바르트리하리부터 근대 서양의 빌헬름 폰 훔볼트 그리고 에드워드 사피어와 그의 제자 벤자민 리 워프가 세운 사피어-워프 가설[8]까지…… 7년 만에 보는 먼 나라의 도시와 건물들이 그렇게 감동적이지는 못한 이유가 온전히 머릿속이 복잡한 나에게 있었다.

사실 나는 이 방면(교육과정)의 학문적인 소양은 없다. 그럼에도 불구하고 멀리 타국을 여행하면서까지 생각이 머릿속을 떠나지 않는 것은 내가 교사로서 교육과정이라는 거대한 틀 속에서 평생을 보냈기 때문일 것이다. 교육과정이라는 얼개 속에서 삼십몇 년을 보냈다는 것은 이미 교육과정의 모든 언어가 나의 사고를 지배할 수밖에 없을 것이라는 추론을 가능하게 한다.

'대강화(Direction and Task for Slimming)'라는 단어가 국가 수준 교육과정에서 자율성을 회복할 수 있는 방아쇠로 작동할 것인가에 대한 논의는 여러 학자에 의해 연구되어 왔고 또 연구되고 있다. 大綱化, 말 그대로 국가 수준에서는 큰 줄기만 제시하고 세부적인 것은 실제 교육 현장에서 교과서를 사용하는 교사가 어떤 지식을 선택하고 어떻게 그 지식을 조직하며 조직된 그 지식을 어떤 방식으로 전수하고 평가할 것인가를 결정하자는 것이다. 가능할까? 학교도 어렵고 시도 교육청도 어려운데 하물며 교사가? 아직도 국가가 평가권을 쥐고 있는 마당에 그 평가권에 종속될 수밖에 없는 교육과정이 과연 자율적으로 선택되고 조직되며 전수될 수 있을까?

---

8 세상을 이해하는 방법과 행동이 그 사람이 쓰는 언어의 문법적 체계와 관련이 있다는 언어학적인 가설. 언어가 사고를 지배한다는 쪽에 무게를 두는 학설

뿐만 아니라, 사피어-워프 가설에 의하면 언어가 사고를 지배하기 때문에 대강화된 교육과정 총론은 아무래도 교사들의 지식 선택과 조직 그리고 전수 평가에 영향을 미치지 않을 수 없다. 즉, 학교에서 무엇을 어떻게 가르쳐야 하는가는 정부의 교육과정 문서의 권위적 규정력(規定力)에서 완전히 자유로울 수 없다. 이를테면 교육과정 총론에 없는 내용을 애써 학교 수준 교육과정 속에 삽입, 확장하는 것이 만만하지 않을 것이라는 이야기다.

현재의 법률 체계에서 교육과정은 교육부 장관이 교육과정의 기준과 내용의 기본적 사항을 결정하고, 교육감은 이 범위 내에서 지역의 실정에 부합하는 교육과정의 기준과 내용을 정하고, 학교는 이들 교육과정의 기준과 내용의 기본적 사항의 범위 내에서 학교 교육과정을 운영하도록 규정하고 있다. 한편, 대강화라는 관점에서 2022 교육과정의 특징을 교육부는 이렇게 밝히고 있다.

> 그동안 시도 수준의 교육과정이 시도 교육청에서 개발하는 교육과정 편성·운영지침으로 국가 수준 교육과정에 대한 교육청 차원의 해석과 교육청의 교육지표 및 정책방향에 따라 일부 내용을 강조하거나 생략하고 일부 내용을 보완하는 수준을 넘어 지역의 특성과 여건, 교육적 필요를 반영한 다양한 교육과정으로 운영할 수 있는 근거를 마련하였고, 학교 교육과정 또한 그동안 주어진 교육과정을 운영하는 데 그치는 것이 아니라 학교의 여건과 필요

를 반영하여 특색 있게 개발하고 이를 운영할 수 있도록…….
_ 교육부, 2022 개정 교육과정 총론 주요 사항(시안). 2021.

Direction and Task for Slimming!!! 진영 논리나 세력 다툼의 문제가 아닌, 학문적 흐름이나 그 흐름에 의해 갈래 지워진 세력들을 위한 것이 아니라 진실로, 진실로 이 땅에서 살아갈 후세들을 위한 교육과정에서 정말 이 대강화가 그 미래를 위한, 그리고 타당한 시대적 방향일 수 있을까?

교육과정에 관한 생각

교육과정의 변천

국가 중심의 교육과정을 만들고 그것을 유지한 지 128년(갑오경장을 기준으로 할 때)이나 되었다. 지금 2022 교육과정이 이미 설계를 마치고 각론 작업을 진행하고 있다(2025년 시작).

내가 교직에 첫발을 내디딘 1987년은 제5차 교육과정이 시작되던 해였다. 5차 교육과정은 '통합 중심 교육'이 키워드였다. 하지만 나는 처음 교사를 시작하던 그 시절 교육과정에 대하여 정확하게 이해하지 못했다. 그럼에도 불구하고 아이들에게 열과 성을 다해 교육했으니, 교육과정에 대한 이해는 교실 수업의 필수 불가결 요소는 아니다.

어쨌거나 국가 중심 교육과정의 목표는 언제나 다가올 시대를 대비하는 것이 주요 목표인데, 각 급별 이수해야 할 과목 수와 과목별 단위 수를 법제화하여 대한민국 모든 학교가 이것을 기준으로 교육하여야 한다. 일종의 강행규범이다.

1994년 시행된 6차 교육과정 개정은 21세기를 대비한다고 하면서 '대학수학능력시험'이라는 괴물을 창조했고, 7차는 '자율과 창의성'을 기조로 하여 최초로 교육 주체가 교육과정에 참여하는 것을 표방하였다.

삶과 문명의 속도가 빨라짐에 따라 7차 이후는 수시 개정으로 바뀌면서 교육과정이 고시되는 연도를 교육과정 앞에 놓는 형식으로 바뀌었다. 따라서 2009년 12월에 고시된 교육과정은 2009 교육과정이 되었다. 2009 교육과정의 핵심은 '교과 집중 이수제'였다. 2009 교육과정은 각론이 총 6번 부분 개정되었다.

2013년 개정을 끝으로 2009 교육과정은 끝이 나고 2015 교육과정으로 진행되었는데, 이때 현장 교사들의 저항이 만만치 않았던 것으로 기억한다. 이유는 '문, 이과 통합'이었다. 하지만 핵심인 '문, 이과 통합'은 지금을 기준으로 보면 통합이 이거였나 싶을 정도로 그 파급력이 미약했다. 이유는 이미 각 시도 교육청에 허락된 자율 교육과정에 따라 비슷하게 진행되었기 때문이다.

2022 교육과정은 시작 연도가 2025년이다. 주요 의제는 '고교학점제'와 급변하는 '미래를 대비하는 교육과정'이다. 지금은 각론 작업이 진행 중이다. 2022 교육과정은 고교학점제가 핵심 키워드이다.

학교 교육과정

단위 학교에서 교과서를 중심으로 교사와 학생이 수업을 하기 위해 앞서 이야기한 국가 중심 교육과정을 기초로 시도 중심 교육과정이 편성이 되고 다시 단위 학교의 특성에 맞게 시간과 편제를 조정한다.

60년대 태어나 70년대에 초중고를 마친 나와 같은 세대(앞 세대를 당연히 포함해서)는 학교가 없으면 교육을 받을 곳이 없었다. 시설과 도구가 전무한 상황에서 학교는 우리에게 엄청난 장소였고 학교 교육과정은 그 무엇보다도 중요한 것이었다. 우리는 학교에서 우리가 아는 대부분을 배웠고 그 바탕에는 국가 중심 교육과정이 있었다. 거의 20개에 육박하는 교과목을 통해 우리는 그나마 그 당시를 살아갈 지식과 다가올 미래에 대한 지식을 축적하였고, 학교는 그러한 교육과정의 수행에 매우 충실하였다.

70년대에 출생한 사람들까지는 이런 상황이 비슷했지만 8~90년대에 출생한 사람들부터 조금씩 변화가 있었고 마침내 2000년대 출생한 지금의 아이들에게 이전 세대의 학교와 교육과정은 그 의미가 달라지기 시작했고 지금 태어나는 아이들에게 학교는 과연 어떤 의미로 다가갈 것인가에 대한 예측은 아무도 할 수 없는 지경에 이르렀다.

감히 예측해 보면 지금 태어나는 아이들에게 학교는 무엇인가를 배우고 익히는 장소라기보다는 인적 네트워킹이 이루어지는 곳, 어쩌면 그 기능조차도 큰 의미가 없는 장소가 될 가능성이 크다. 이미 아이들은 개인이 가진 엄청난 기기를 통해 세상의 모든 것과 교류하고 있는데 국가 중심 교육과정이라는 낡은 틀에 의해 순차적으로 전달되는 지식은 어떤 의미도 없을지 모른다. 이미 그런 일들은 교실에서 일어나고 있고 체계적이고 순차적인 교육과정과 갈등을 겪고 있는 것도 사실이다.

철옹성

솔직하게 말하자면 지금 대한민국 초중고 교육과정의 최종 목표는 좋은 대학에 진학시키는 것이다. 다 그렇게 생각하고 있으면서도 짐짓 모르는 척할 뿐이다. 엄격하게 서열화된 대학에 아이들을 보내는데 그 도구로 쓰이는 것이 현재 초중고 교육과정이라니.... 좀 과한 표현인가?

좋은 대학은 결국 좋은 직장을 보장하고 덤으로 쓸만한 인맥도 제공한다. 그러니 아이들과 부모들은 무슨 짓을 해서라도 좋은 대학에 보내려고 애를 쓴다. 그렇게 현재 초중고 교육과정은 대학을 위한 도구로 전락했다. 국가 교육과정의 목표처럼 '자율'과 '창의성'을 가진 '통합형 인재', '문, 이과'를 넘나드는 '통섭형 인재'보다는 좋은 대학에 입학하는 것이 좀 더 현실적이라는 생각이 우리 사회의 지배적 생각이다.

여기엔 대학이라는 철옹성이 있다. 철옹성이 될 수밖에 없는 데는 뫼비우스 띠처럼 끝없이 순환되는 묘한 인과관계가 있다.

교육과정을 설계하고 조정하고 각론에 지배적인 영향력을 가지는 사람들은 예나 지금이나 국내 유명 대학의 학자들이다. 이들은 국가 교육의 백 년의 대계를 위해 헌신하는 마음으로 교육과정을 설계하고 있는가?

2015 교육과정, 고등학교 사회과 교육과정 설계에 직간접적으로 참여한 내 경험에 의하면 고등학교 사회과(정치, 경제, 지리, 법, ….)의 각 영역별로 교수들이 자신들의 영역을 수호하기 위해 혼신의 힘을 다하는 것을 보면서 국가 교육과정의 편제가 대의명분보다는 어쩌면 이익에 의해 좌우될 수도 있겠다는 생각을 지울 수 없었다. 다른 과목은 몰라도 지금도 여전히 사회과 과목(고1 통합사회)은 통합 교과서 안에 각 영역별로 전공에 따라 여러 선생님이 수업을 하는데 아이들은 하나의 교과서와 여러 선생님이라는 절묘한 교육과정을 무리 없이 받아들이고 있다. 이것은 통합과학도 마찬가지다(규모가 큰 인문계 고교에서는 단원별로 서로 다른 선생님이 수업한다).

아프리카 밀림에 사는 사자처럼 이렇게 영역을 다투는 이유는 대학 내에서 자신의 전공 학부나 과를 좀 더 키우고 싶은, 나아가 그런 학부나 과의 교수로서 좀 더 파워를 가지기 위해 고등학교 교육과정에서 영역을 사수하려는 것이 일차적인 이유다. 물론 모든 학문이 다 중요하다. 이해한다. 하지만 이 영역 다툼이 고등학교 교육과정의 문제만은 아니다. 그리고 그렇게 통합 교과서의 문제에 멈추지 않는다. 여기에는 또 다른 문제가 개입된다.

교육과정의 영역별 편제에 따라 교사 수급이 결정이 되고, 이 교사 수급의 문제는 대학에 매우 현실적인 문제로 다가온다. 영역을 지키지 못하면 당장 어떤 학과는 신입생을 줄여야 하는 문제로 이어진다. 인원이 줄면 교수 충원이 어려워진다. 각 대학에 있는 당해 학과로서는 매우 치명적이다. 그래서 각 교과별 교수들은 자신의 영역 지키기에 사활을 건다. 영역을 지키려면 학문적 타당성도 필요하지만, 그것보다는 권력이 더 빠르다는 것을 이 판에 있는 사람들은 재빨리 알아차린다(더 이상은 추측이기 때문에 말하지 않는다).

그 철옹성이 여전히 유효하다. 아니라고 이야기하는 사람들도 있을 수 있다. 오해의 소지가 있을 수 있다. 국가 교육과정이 이루어지는 과정이 전부 이렇지는 않다. 하지만 분명히 이런 부분도 있다. 그것도 분명하다.

학교 교육과정의 미래

나는 미래학자가 아니기 때문에 예단할 수는 없지만, 향후 20년 이내에 지금의 국가 중심 교육과정의 판은 와해될지도 모른다. 지금처럼 급격히 지식 환경이 변한다면 틀에 박힌 학교 교육과정의 유효성은 거의 제로에 가깝다. 아이들이 알고자 하는 지식은 아이들이 가진 스마트폰 속에서 손쉽게 알 수 있다. 교사보다 더 자세하게 연결 지어서 알려준다. 역으로 교사의 수업을 아이들은 스마트폰으로 검정하는 시대다. 그러니 이런 교육과정에 무슨 의미가 있겠는가?

시험도 마찬가지다. 외워서 쓰는 답이 무슨 의미가 있을까? 답을 찾아 여러 가지 자료를 바탕으로 생각하고 종합하며 연역하는 것이 필요한 시대다. 그런데 우리는 아직도 정답을 맞히는 객관식이 모든 시험에 지배적이다. 기억력 테스트인가? 저장의 능력 차이를 판별하는 것은 분명 아닌데 모든 제도는 여전히 거기에 초점을 둔다. 물론 기초적인 암기는 분명 필요하다. 모든 지식이 암기를 바탕으로 한다는 말도 일리가 없지 않다. 그러나 그 모든 이야기는 구세대의 저항일 뿐이다.

학교는 이제 아이들에게 좀 더 다른 공간이 되어야 한다. 단순히 지식을 배우기 위해 아이들이 학교에 오는 시대는 끝나가고 있다. 2022 교육과정을 위한 네트워크에 참여하면서 이런 생각을 해 본다.

교육 그리고 프레이밍

12. · 3 계엄이 있고 난 며칠 뒤 수업 시간,

"샘! 내년에 저희가 수능 칠 때는 나라가 좀 조용할까요?"
내가 역으로 물었다.
"지금 나라가 시끄럽니?"
아이가 푸석하게 대답한다.
"아닌가요?"
……

그 아이에게 나라의 상황은 앞으로 어떻게 전개될지 누구도 예측할 수 없으며 그것이 시끄러운지 아닌지는 쉽게 판단할 문제가 아니다. 따라서 매우 객관적인 지표와 충분한 자료 없이 막연하게 나라가 시끄럽다는 말을 질문의 전제로 삼는 것은 위험하거나 오류일 수 있다고 말한 뒤 몇 가지 이야기를 추가했다. 먼저 그 아이의 질문에서부터 이야기를 시작했다.

○○아! 너는 이미 질문할 때부터 이 나라가 조용하지 않다는 전제를 하고 질문을 했다. 만약 내가 너의 질문에 어떤 식으로든 답한다면 나는 너의 전제조건인 '조용하지 못한 나라'를 인정하는 꼴이 되고 만다. 일단 너의 질문은 분명하지 않거나 대단히 모호한 전제를 이용하여 물었기 때문에 질문의 유효성이 상당 부분 위협받을 수 있다.

그래서 내가 역으로 네게 나라가 시끄러운지를 물었다. 나의 역질문은 너에게 자신의 질문에서 전제해 놓은 조건에 오류가 있을 수도 있다는 것을 환기시키기 위함이었다.

설령 너의 질문에서 나라가 조용하지 않다는 것이 이미 우리 사회에서 인정된 통념이라 하더라도 너의 판단이 아닌 통념에 근거하여 질문하는 것은 잘못된 발문이 될 가능성도 크고 질문의 상대방에게 보이지 않게, 질문하는 자신도 확실하지 않은 일반적인 통념에 동의할 것을 요구하는 질문일 수 있다.

덧붙여 이런 이야기도 했다.

1917년 4월 러시아 볼셰비키의 리더 레닌은 2월 혁명의 반동을 맹비난하며 저 유명한 4월 테제(April Theses)를 발표한다. 사실 2월 혁명의 결과는 참담했다. 케렌스키의 집권으로 로마노프 왕조는 슬그머니 다시 복귀하고 케렌스키는 자신의 영달을 위해 혁명의 취지를 훼손하고 있었다. 결국, 4월 테제로 다시 점화된 혁명은 11월 혁명으로 레닌이 집권하면서 러시아 사회주의 혁명(이른바 공산주의적 국가체계의 시작)이 완성된다.

　4월 테제의 핵심을 오늘날 용어로 바꾸면 일종의 프레이밍(framing)이었다. 언어학자 조지 레이코프(George Lakoff)가 2006년에야 비로소 발표한 프레임 이론[9]에서 프레임이란 현대인들이 정치·사회적 의제를 인식하는 과정에서 본질과 의미, 사건과 사실 사이의 관계를 정하는 직관적 틀을 뜻한다. 프레임 이론에 따르면, 전략적으로 짜인 틀을 제시해 대중의 사고 틀을 먼저 규정하는 쪽이 정치적으로 승리하며, 이를 반박하려는 노력은 오히려 프레임을 강화하는 딜레마에 빠지게 된다는 것이다.

　우리 사회가 조용하지 않다는 것이 완전하고 증명 가능한 사실일 수는 없다. 여기에는 매우 복잡한 기준이 작동하고 있는데, 고등학교 아이들이 그것들을 비판 없이 수용하고 매우 자의적으로 해석하며 동시에 그 해석을 확장시켜 자신의 가치체계로 삼는 경우를 자

9　Frame theory. 대니얼 카너먼(Daniel Kahneman)의 행동경제학에서의 프레임 이론은 1978년에 처음 발표되었다

주 본다. 우리 사회가 이들에게 주는 다양한 신호는 사실 이들에게 벅찰 만큼 다양하다. 이런 상황에서 섣부른 교사의 개입도 문제의 소지가 있다. 하여 나는 이런 이야기를 해 줄 수밖에 없었다.

  사회문화 시간이니 이 정도 이야기는 가능하다. 아이들은 아는지 모르는지 눈만 껌뻑거린다. 더러는 잔다. 그렇게 일주일 수업이 끝났다.

4장

교사에서 교장, 다시 교사로

공동체?

영어 'Community'는 라틴어 'Communitas'에서 왔으며, 이 말은 'Communis', 즉 '같이', '모두에게 공유되는'에서 유래된 말이다. 다시 'Communis'는 접두사 'con'과 'munis'가 합쳐진 단어인데 'munis'는 봉사한다는 의미가 있다.

우리가 관심을 가지는 것은 공동체 중에서도 '학습 공동체'인데 '학습 공동체'라는 용어를 쓰기 위해서는 몇 가지 기준이 있다.

1986년 맥밀란과 차비스(McMillan and Chavis)가 발표한 논문 『Sense of community : A definition and theory』에 따르면 학습공동체를 4가지 요소를 기준으로 설명하고 있다. 즉 '소속감', '영향력', '요구충족', '사건의 공유와 정서적 연결'인데 각각을 다음과 같이 설명하고 있다.

'소속감'은 학습공동체의 참여자들이 그 공동체에 충성심을 느끼고, 그룹으로 뭉쳐서 계속 일하고 타인을 돕고 싶은 마음을 말한다. 즉 구성원들의 내부 의지를 표현한 말이다.

'영향력'이란 학습공동체의 참여자들이 공동체 내부의 다양한 사태에 대하여 어떤 방식으로든 영향을 주고받아야 한다. 이를테면, 구성원끼리 이루어지는 정보 소통의 강도나 정도를 의미한다.

'요구충족'은 학습공동체 참여자가 자신의 의견을 피력하거나 도움을 청할 때, 그리고 자세한 정보를 원하는 경우 그 학습공동체는 참여자의 특정한 필요 요구를 채울 수 있는 기회를 그 요구자에게 제공하여야 한다는 것이다. 이것은 공동체 내부의 각각의 구성원이 얼마만큼 유기적으로 연결되어 있는지를 알 수 있는 기준이다.

'사건의 공유와 정서적 연결'은 말 그대로 학습공동체는 구성원 모두의 감정적인 경험이 포함된 특정한 주제 및 사건에 대한 이야기를 공유하여야 한다는 것이다. 각 사태를 이해하는 구성원 간의 연결의 강도와 지속성이 이 기준의 핵심이다.

학습공동체라고 주장하는, 혹은 그렇게 규정지으려는 지금 대한민국의 학교에서 이런 분위기가 제공되는가를 생각해 보면, 지극히 개인적인 의견이지만 매우 비관적이다. 오히려 이 기준만으로 본다면, 현재의 대한민국 학교의 구성원들을 학습공동체로 보기는 어렵다. 오히려 구성되어 있던 공동체조차 와해되고 있는 모습에 더 가깝다.

이유는 매우 많지만, 처음부터 천천히 되짚어 보면, 핵심 이유는 학교가 아이들과 교사가 공존하는 그리고 학부모와 지역사회가 격려하고 지원하는 구조 속에서 아이들을 교육시키기 위한 공동체의 기능은 날로 약화되고 있다. 여전히 학교는 사회가 요구하는 인력 양성의 현장에 더 가깝기 때문이다. 즉 대학과 기업이라는 거대한 집단의 이익을 위해 움직이는 말단 기관, 그 이상도 이하도 아닌 곳이 학교인데 그런 상황의 학교에 학습공동체의 명분이나 가치를 부여하는 것은 지극히 장식적이며 공허하다.

 국가기관은 국민의 세금을 걷어 그 돈을 국가 발전을 위해 지출하는 기관이다. 즉 기업처럼 투자와 이익 그리고 생산성에 초점이 있는 것이 아니라 국가의 발전과 더불어 국민의 행복한 삶이라는 대의명분에 자본을 투입하는 것이 국가기관의 존립 근거다. 그러한 투입 중에서도 가장 장기적이며 국민의 근본적인 삶에 대한 투입이 교육이다. 교육에 대한 장기적인 투입(자)은 영영 이익을 내지 못할 수도 있고, 어쩌면 이익 창출에 기대를 품지 말아야 할지도 모른다.

 하지만 산업혁명 이후로 교육은 '훈련'과 '생산성' 그리고 '효율'이라는 거대한 프레임으로 빠져들었고 20세기 이후 자본주의가 날로 천박해질수록 교육의 위기는 날로 심화되고 있다. 그사이 교육의 본질을 유지하려는 여러 교육운동(혁신)이 있었지만, 대한민국에서는 어찌 된 일인지 그러한 노력이 날로 퇴색되고 있다.

 교육공동체로 거듭나야 할 학교와 그 구성원(학생, 교사, 학부모, 지역사회)들은 내부적 갈등으로 상처받고 있다. 최근 몇 년 동안 일어난 구성원 내부의 갈등을 우리 모두는 잘 알고 있다. 이런 척박한 상황을 아는지 모르는지 교육부를 비롯한 각 도의 교육권력은 미래를 위한 어떤 비전도 제시하지 못한 채 궁색한 자기변명으로 얼버무린 끝에 구성원 내부의 갈등은 오로지 법률에 의해 조정되는 지경이지만 더 나은 방법이나 방향은 현재도 여전히 오리무중이다.

오직 법률에 의해 조정되는 현재의 학교에서 '학습공동체'라는 말은 참 어이없다. 교육이라는 거대한 명분을 위해 국가는, 각 도의 교육권력은 과연 무엇을 하고 있는지 …….

'학습공동체'의 진화와 발전을 가로막고 심지어 훼손하는 또 하나의 거대한 장벽은 대학수학능력 시험이다.

대학수학능력 시험을 국가적 행사로 만들어 버리고, 그 시험에 12년 교육을 걸어야 하는 아이들의 창백한 얼굴이 우리의 교육 현실이다. 그 시험에 킬러 문항을 냈는지 내지 않았는지는 90% 이상의 고등학교 아이들에게는 아무 의미가 없다. 그것을 아침저녁 종합뉴스에 중요한 뉴스로 떠벌리는 저의는 과연 무엇인가? 그것으로 기자회견을 하는 교육과정평가원의 저의는 또 무엇인가? 정말 몇 %를 위한 교육이라는 것을 대놓고 홍보하는 장면을 우리는 아무런 비판 없이 바라보아야 하는가!

이런 엉망진창의 분위기에서 학교 구성원, 특히 교사들에게 연말 '전학공(전문적 학습 공동체)' 관련 공문이 들이닥치고 교사들은 관행적으로 모여 이야기를 하지만, 그것은 처음부터 '공동체'가 아니었고 앞으로도 '공동체'일 수 없다. 심지어 학교장들의 성과급에 '전학공' 모임이 몇 회인지가 성과 지표가 되는 현실에서 그것을 '공동체'로 생각할 수는 없을 것이다.

  우리는 다시 호흡을 가다듬어야 한다. 수많은 교육운동이 우리를 각성시켰고 그 정신이 지금도 유효한 현재의 대한민국 학교에서, 최소한 위에서 말한 '교육공동체'의 기본적인 4가지 요소 중 하나라도 이루어질 수 있는 학교를 꿈꾸기 위해 마음을 다잡고 호흡을 가다듬어야 한다. 교사인 나는 내가 할 수 있는 일부터, 그리고 내가 해낼 수 있는 일부터 하나둘 이루어 내야 할 일이다.

'전문적 학습 공동체'라는
용어에 대한 견해

어제부터 내 머리에서 떠나지 않는 것이 '전문적 학습 공동체(professional learning community)'(이하 '전학공')라는 용어에 대한 반감(反感)이다. 오전에 산길을 걸으면서도 집에 와서 있으면서도 내내 머릿속에 있다.

며칠 전부터 전학공 관련 논문 6~7편을 꼼꼼하게 읽었다. 하지만 내가 바라는 답을 포함한 논문은 없었다. 모두 '전학공'에 대한 거의 편파적인 확산 논리와 그 적용방안에 대한 결과 그리고 상황에 대한 논문들이었다.

내가 불만인 것은 '전학공'의 취지와 실행방안 그리고 현장 적용의 방식(거의 동의한다)이 아니라 '전학공'이라는 용어 표현방식에 있다. 나의 불만을 요약하면 아래와 같다.

전문적(professional)이라는 단어의 사용이다. 적어도 우리나라에서 교사는 전문직에 속한다(반론이 있을 수 있다). 전문직에게 전문적이라는 필터를 앞에 놓은 것은 둘 중 하나는 '전문'이 아니라는 의미로 받아들여질 수 있다. 이중으로 강조하면 의미가 강화되는 것이 아니라 부정적 의미가 있다. 그럼, 앞과 뒤의 '전문' 중 부정적 의미의 하나는 무엇일까? 최소한 나에게는 교사가 전문성이 없다는 의미로 해석된다. 그러니 전문적이라는 필터를 동원하는 것이 아닐까! 피해 심리라고? 그럴 수 있다. 교사를 전문가로 대접해 주지 않는 세상에 살다 보니 그런 심리가 생겼을 수도 있다. 그러나 앞에서 말한 이중적 단어 사용에 대한 논리적 해석은 틀리지 않아 보인다.

두 번째가 더 중요하다. '학습'이라는 말이다. 왜 '연구'는 안될까? '학습'의 영어 'Learning'의 뜻은 'study, action of acquiring knowledge'(공부, 지식의 획득)이다. 반면 '연구'의 영어 'Research'의 뜻은 'diligent scientific inquiry and investigation directed to the discovery of some fact'(사실의 발견을 위한 성실한 과학적 조사와 탐구)다. 왜 교사의 직업적, 학문적 활동은 학습이어야 하는가? 우리도 연구할 수 있다. 아니, 연구이어야 한다. '전학공'이라는 개념이 최초로 등장한 것은 M.I.T 교수였던 로젠홀츠(Rosenholtz)의 1989년 논문(PROFESSIONAL LEARNING COMMUNITIES: WHAT ARE THEY AND WHY ARE THEY IMPORTANT?)이다. 교수들에 의한 교사문화의 연구가 가지는 한계가 여기에 있다.

왜 교사의 학문적 활동은 '연구'가 아니라 '학습'이 되는가? '연구'와 '학습'은 분명히 격이 다르다. 교사도 사실의 발견에 관심이 있고, 교사도 진리를 발견하기 위한 과학적 탐구를 수행하고 있다. 교사의 학문적 활동을 오직 공부나 지식의 획득에만 국한한 89년(30년 전이다) 미국 대학교수의 시각에 2022년 대한민국의 교사인 나는 쉽게 동의하기 싫다.

이런 이유로 나는 이런 제안을 하고 싶다. 전문적이라는 말을 빼자! 이미 교사는 충분히 전문적이다. 교사 집단을 전문적으로 보지 않는 사람들이 없지 않다는 것은 알고는 있다. 교사 스스로 전문적이라고 여기고 그에 맞는 태도를 견지해야 교사가 전문적이라는 인식이 정착될 것이다.

그리고 결정적으로 '학습' 대신에 '연구'라는 단어로 바꾸자. 이유는 앞에서 설명한 바와 같다. 그러면 이렇게 쓸 수 있다. '교사 연구 공동체' 또는 '교사 연구 모임'. 사실 연구라는 말만 들어가면 충분하다.

슬픈 교원 연구비
60,000원

 매월 교사들에게 지급되는 연구 수당은 당해 기관(학교)의 예산으로 지급하게 되어 있다. 교장이기 때문에 매월 급여 시기가 되면 수당 지급에 대한 결재를 하게 되는데, 결재할 때마다 약간의 자괴감을 느낀다(중등은 60,000원, 초등은 75,000원이다).

 60,000원이라는 돈이 많다면 많을 수 있다. 월별 지급 금액이니 한 달 수업일수 20일을 기준으로 한다면 하루 약 3,000원 정도의 금액이다. 감히 이야기하지만 요즘 학교에서 교사가 하루 종일 '연구'라는 이름을 붙일 수 있는 일을 일일 3,000원으로 계정한다는 것은 참으로 어이없는 일이다. 3,000원이라니! 요즘 3,000원으로 할 수 있는 일이 뭐가 있을까 생각해 보아도 생각나는 것이 별로 없을 정도의 적은 금액이다.

교사들은 매일 8시간 근무 동안 수업과 연구를 병행한다. 교사에게는 언제나 학습이라는 용어를 더 즐겨 사용하면서 이때만 연구라는 명목으로 돈을 지급하는 것은 쉽게 이해되지는 않는다. 학습과 연구는 완전히 다르지는 않지만, 중요한 차이가 있다. 연구(硏究, Research)는 어떤 사물, 현상을 깊이 탐구하는 일이지만, 학습(學習, Learning)은 그저 배우고 익히는 수준이다. 얼마 전에 교사의 '전문적 학습 공동체'라는 용어에 문제를 제기한 적이 있다. 그때는 학습이라더니 이때는 연구라 하니 어느 장단에 맞춰야 할지 참 애매하지만, 연구든 학습이든 핵심은 3,000원이라는 금액이다.

어쨌거나 하루 3,000원을 교사의 연구 또는 학습의 비용으로 계산했는데, 도대체 이 돈으로 무엇을 할 수 있을까? 교과서를 분석하고 그 내용을 고민하여 아이들을 위해 수업을 계획하고 평가하고 그것을 바탕으로 수업을 새롭게 설계하는 비용이 하루 3,000원이라면…… 정말 교사의 연구를 이렇게 낮추어 보는 것인가?

교육의 질은 교사의 질과 함수 관계에 있고 교사의 질은 교사들의 자발적 연구와 역시 함수관계에 있다. 그러면 교사의 연구 수준과 연구의 질을 높이기 위해 국가가 법령으로 정한[10] 일일 3,000원은 정말 타당한 금액인가?

교사는 연구하는 직업이 아니라고 말할지도 모른다. 하지만 잘 생

---

10 교원연구비 지급에 관한 규정 시행 2023. 3. 1. 교육부훈령 제437호, 2023. 3. 1. 일부개정

각해 보라! 이 땅의 모든 아이가 다니는 학교, 그 교실에서 교과서를 분석하고 그것을 알기 쉽게 재해석하여 가르치는 것은 물론이고 아이들을 위해 생활지도를 하시고 다양한 방법으로 아이들의 특기와 적성을 계발하는 매우 엄숙하고 위대한 일에 종사하시는 모든 선생님의 일을 그저 '학습'이라고만 할 수 있을까?

돈, 금액을 가지고 이야기하니 조금 치사해진다. 하지만 천박한 자본의 시대에 이 정도의 이야기도 못 하겠는가! 그리고 교수 집단과 비교는 아예 하지 못한다. 워낙 격차도 클 뿐만 아니라 비교할 수 있는 근거나 가치가 없다. 오로지 현재 시행되고 있는 교육부훈령 제437호에 대한 문제 제기다. 훈령은 교육부 장관에게 그 개폐의 권한이 있으므로 교육부 장관은 이 문제에 관심을 가지고 교원연구비 현실화를 고민해 보아야 한다.

월 60,000원으로 책 몇 권은 살 수 있다. 교사에게는 언제나 학습이라는 용어를 더 즐겨 사용하면서 이때만 연구라는 명목으로 돈을 지급하는 것이 쉽게 이해되지는 않는다.

자가발전

'교육과 교사의 길'을 묻다'라는 주제로 선생님들께 이야기할 기회가 생겼다. 교사로 살아온 내 삶을 톺아보는 계기가 될 것은 틀림없지만, 내 이야기를 들으시는 선생님들께 뭔가 중요한 말씀을 드려야 한다고 생각하니 내심 걱정이 앞섰다. 누구에게 어디서든 그리고 어떤 주제이든 간에 막힘없이 잘 이야기하는 것이 평소의 나인데, 이런 주제는 사실 조금 난감한 부분이 없지 않다.

내 경우이지만 누군가의 이야기를 들을 때, 이야기하는 본인의 경험담에 근거했을 때 대부분 공감과 감동을 했던 경험이 많다. 그래서 나 역시 그 방법을 쓰기로 했다.

20대 중반부터 60이 넘은 지금까지 교사로서의 내 이야기를 솔직하고 담담하게 말씀드리면서 교직에 대한 내 생각을 말씀드렸다.

불편한 장소였지만, 모든 분이 경청해 주셔서 깊이 감사드린다.

어제 선생님들께 한 이야기 중에 가장 강조한 것은 바로 '자가발전(自家發電)'이다.

교직을 전문직이라고 이야기하지만, 우리 사회의 누구도 쉽게 교사를 '전문가'라고 인정해 주지 않는다. 심지어 이제는 그나마 남아 있었던 교사에 대한 최소한의 권위조차도 내팽개치는 분위기가 일상화되고 있다. 전문가로 인정은 고사하고 교육활동 자체를 위협하는 일이 현실이 되고 있는 것이 지금 우리 사회의 분위기다.

그런 상황에서 우리는 오늘도 교실에서 아이들을 마주한다. 아이들과의 교육활동 속에서도 교사들의 이미 약해진 '자존'이 무너지는 경험을 한다. 그런 경험이 반복되면서 자존감 회복은 점점 어려워지고, 마침내 교사는 단순한 직장인이 되고 만다. 누군가를 교육한다는 것에는 직업을 넘는 약간의 소명의식, 또는 그 이상의 무언가가 있어야 한다. 그렇다고 '교사 성직관'이라는 것에 기대는 것은 아니다.

나의 이야기는… 현재 철저하게 자본의 논리에 따라 움직이는 사회, 관료적이며 교육의 본질과 점점 멀어지는 교육부, 교육부의 명령과 지시에 따라 경직되고 일상화된 교육청 그리고 교사인 우리 모두의 해이해지는 의식에 대한 이야기다. 대표적 예를 들어 전문적 학습 공동체에 대한 이야기도 그중 하나다.

자주 쓰이는 '전문적 학습 공동체'에 대한 나의 의견은 일전에 밝힌 적이 있다. 이미 전문가인 교사들 앞에 다시 '전문적'이라는 말을 놓아 전문적이 아님을 암시하는 태도와 교사의 수업, 그리고 교육에 대한 다양한 논의를 그저 '학습'이라고 단정 지어 버리는 어이없는 태도에는 절대로 동의할 수 없다.

그래서 궁여지책으로 생각해 낸 것이 '자가발전'이다. 우리 스스로라도 우리가 전문가라고 생각하고 우리의 교육에 대한 여러 노력을 '연구'라고 생각하고 또 그렇게 명명하자는 것이다. 아무도 알아주지 않지만, 그런 마음으로 움직이다 보면 그나마 무너진 자존감이 조금이라도 회복되지 않을까 하는 것이 내 생각이다.

사회적 분위기는 여전히 교사를 전문가로 대접하지 않는다. 그러면 대부분 한때 교사였던 사람들이 구성원이 되는 교육청이나 학교의 교장, 교감 선생님들은 과연 선생님들을 전문가로 대접하는가? 내 교직 생활의 오랜 경험으로 이것 역시도 장담할 수 없다. 오히려 자신들은 전문가라고 칭하지만, 교사들을 전문가로 인식하는 경우는 매우 드물거나 거의 없었다.

이런 상황에서 교사인 우리가 스스로 전문가로 생각하고 우리의 교육활동을 연구로 생각하며 스스로 자존감을 북돋우는 것은 어쩌면 당연한 일일 수 있다. 우리 모두는 그렇게 '자가발전' 해야만 한다. 아니, 자가발전이라도 해야 이 상황을 극복할 수 있다. 아이들 앞에 선 우리는, 최소한 수업에서 전문가이어야 하고 또 실제로 전문가이다. 또 당연히 수업 활동의 모든 과정이 연구라고 생각하자

(실제로 수업 연구라고 말한다). 그렇게 믿고 또 그렇게 자가발전을 계속하다 보면 언젠가는 다른 사람들도 인정해 주는 날이 오지 않을까? 조금 슬퍼지지만 현실이다.

스승의 날 폐지에 대한 생각

생각해 보니 벌써 선생이 된 지 참 오래 세월이 흘렀다. 이제 곧 정년이 된다. 참 어이없는 세월이다. 내일은 스승의 날이다. 40여 년이 다 되어 가는, 다만 선생인 내 생각으로 이날은 참으로 부끄럽고 아픈 날이다. 우리는 단지 선생일 뿐, 여전히 스승은 아니다.

스승이라는 말의 의미는 무엇일까?

사전적인 뜻으로 '자기를 가르쳐서 인도하는 사람'이라는 말인데 가르치는 일은 대충 어림짐작으로 할 수 있겠으나, 다른 사람을 인도하는 일은 대략 난감한 일이다. 인도(引導)란 길이나 장소 또는 방향을 안내하는 행위를 말하는데 나 아닌 사람을 특정 방향으로 인도한다는 것은 사실 매우 어려운 일이다.

그리고 인도한다는 말에는 타인(내가 가르치는 제자들)의 삶에 내가 적극적으로 개입해야 한다는 의미가 포함되어 있다. 그러나 사실 특정인의 삶에 개입하는 문제는 그리 만만한 일이 아니다. 일단 타인의 삶에 어떤 방식으로든지 개입한다는 것은 나와 타인 모두에게 예측하기 어려운 다양한 일이 일어날 수 있는 것이기 때문이다.

또, 거기에는 인도하는 사람(여기서는 스승이라는 불리는 존재)의 품성과 지성 그리고 그 외의 모든 것이 종횡으로 연결되어 개입의 대상이 되는 타인(일반적으로 가르침을 받는 사람)에게 많은 영향을 미치게 된다.

막상 이렇게 생각하니 스승의 그림자도 못 따라가는 내가, 그동안 스승 흉내를 내며 직, 간접적으로 개입했던 나의 모든 제자의 삶을 생각해 본다. 스승이 아닌 선생으로서 나는 얼마만큼 되는 인간인가? 나는 어느 정도의 지식과 덕성을 지니고 있으며 과연 내가 특정인의 삶에 개입할 정도의 기반을 갖춘 사람인가에 대한 의문이 날카로운 칼날처럼 예리하게 나를 찌른다. 부끄럽고 또 아프다.

시간은 돌이킬 수 없다. 이미 지난 40여 년, 단지 선생이었던 나의 개입에 대해 지금 와서 후회해 본들 아무 소용이 없다. 다만, 나의 개입이 제자들의 삶에 중대한 위해(危害)가 되지 않았기를 간절히 바랄 뿐이다. 설사 위해가 되었다 하더라도 지금 와서 어쩔 것인가? 뒤늦은 참회일 뿐이다.

그러고 보면 '스승'의 길은 멀고도 멀어 보인다. 그리고 함부로 스승이라는 명패를 아무에게나 붙일 수 있는 것도 아니다. 그러니 스승의 날은 이제라도 없애야 마땅하다.

　이 땅에 스승은 참 많지만, 그들 중 누구도 스스로 스승이라 칭하는 사람은 없다. 스스로 스승이라고 불리기를 원하는 사람들은 어쩌면 스승이라는 이름에 걸맞지 않은 사람들일 가능성도 있다. 스승은 스스로 그 위치에 오를 수 없는 것이어서 자신으로부터 가르침을 받은 대부분이 스승으로 불러 주기 전에는 아무도 스승이 될 수 없다. 그런데 그 분명하지 못한 조건을 위해 기념일까지 있다는 것은 앞뒤가 맞지 않는 이야기다.

　언제나 그렇지만 스승의 날에는 참으로 힘든 마음으로 학교에 간다. 그리고 하루 종일 우울하게 과거의 자신을 돌아보고 선생으로 현재를 아파한다. 그러고 보니 이날의 작은 효용이 있다면 이렇게 스스로 돌아보며 힘든 하루를 보내는 것이라는 데 겨우 그 의미를 찾을 수 있을지도 모를 일이다.

　스승의 날을 앞두고 2011년 상영한 '완득이' 영화에 대한 생각을 올려본다.

　그때나 지금이나 달라진 것이 별로 없지만, 선생으로 사는 일이 날로 어려워지는 것이 사실이다.

　이 땅에서 선생이라는 직업에 대한 평가는 참으로 다양하다. 그 평가의 다양성은 다분히 시대 상황과 맞물려 있다. 해방 이후 서양식 교육과정에 따른 학교에서 선생으로 산다는 것은 때로는 정권의 나팔수로, 때로는 입시경쟁의 선봉장으로, 또 때로는 민족과 민주라는 대의명분에 목숨을 건 적도 있었다. 이제는 임용이라는 육중한 관문 탓에 선생으로 진입하기가 어려워져 상대적 위상이 높아진 듯 보이지만 사실은 거의 착시효과에 불과할 뿐, 천민자본주의의 중심에 있는 현재 상황에서 결코 높아질 수 없는 위상일 거라고 생각한다.

선생으로 살아온 삶은 어느 직업이나 마찬가지로 회한이 있다. 광포한 시대에 처참했던 해직의 경험도, 입시 경쟁에 이기기 위해 학생들을 그곳으로 내몰아 본 경험도 있었다. 그 모두가 뜨거운 열정 때문이었지만 때로는 돌아서 가슴을 쥐어뜯는 후회를 한 적도 있다. 이제는 아이들과 마음으로 소통하려고 노력하고 있다. 그 노력이 어떤 때는 받아들여지기도 하고 어떤 때는 여지없이 내팽개쳐지기도 한다. 하지만 그 모든 것이 이제는 용광로처럼 나의 삶에 녹아들고 있으며 그것이 선생으로서의 삶이라고 담담히 생각한다.

중소 도시 실업계 학교 교사 시절 나는 '완득이'보다 훨씬 더 열악한 학생들을 보아왔고 또 가르쳐왔다. 영화에서 '완득이'가 사는 참담한 도시 빈민의 삶에서부터 더 열악한 농촌 지역의 삶까지 내가 보아 온 '완득이'들은 영화보다 더 영화 같은 삶이었다. 영화의 '완득이'는 어찌 되었든 부모가 있고 그중 한 분이나마 '완득이'를 부양하는 형편이지만, 내가 보아 온 '완득이'들은 부모가 이미 없거나, 있다고 해도 아무도 책임지지 않으려는 상황이었다.

영화에 등장하는 '완득이'(유아인 분) 담임인 '동주'(김윤석 분)의 선생의 이미지에 대해 아이들이 영화를 본 뒤 내게 이렇게 말했다.

  아이들 : "선생님과 똑같아요."
  나 : "왜?"
  아이들 : "아이들 혼내는 거요!"
  나 : "훌륭한 선생이네!"
  아이들 : "다른 것도 조금 닮았어요!"
  나 : "뭐가?"
  아이들 : "음……."

  내가 영화를 보고 나서 생각해 보니 아이들이 왜 마지막 질문에 망설였는지 알 것 같았다. '동주'라는 캐릭터가 주는 묘한 매력은 그가 교사로서의 정형성을 벗어난 것에서 찾을 수 있다. 흔히 말하는 '~인체'하지 않는, 있는 그대로의 날것을 보여주는 과감성과 그것으로부터 올 수 있는 위험을 담담하게 받는 것이 교사 '동주'의 큰 매력이자 동시에 최대의 약점인 것이다. 폭발적인 성격에서 비롯되는 좌충우돌과 그 이면의 따뜻한 인간의 모습은 '완득이'인데 어쩌면 그 모습이 곧 '동주'인 셈이다.
  우리 사회의 어두운 면을 분석하는 기준으로 우리는 경제적 요인을 그 처음으로 꼽는다. 그러나 사실 그 어두움의 결정적 원인은 대부분 도시 빈민들에게 마음 깊이 자리 잡고 있는 무기력이다. '동주'

의 말처럼 몸뚱이 생생한데 아무것도 하지 않는 것이 더 쪽팔리지만, 어떤 것에서도 희망을 발견하지 못하는 상황에서 그 무기력은 어찌할 수 없는 것인지도 모른다. 무기력은 사회에서 조장되기도 하고 또 스스로 획득되기도 한다. 현재의 도시, 농촌의 하층민들에게 있는 무기력은 조장된 무기력에 가깝다고 볼 수 있다. 빈부 격차에서 오는 상대적 박탈감으로 비롯된 무기력이 그것이다.

자본주의의 발전은 필연적으로 빈부의 격차를 발생시키고, 그 격차를 최선을 다해 줄여나가는 것이 현대 복지국가의 책무다. 그러나 현재 우리나라는 그 국가의 책무를 등한시하고 가끔은 국가가 나서서 오히려 그 격차를 심화시키기도 한다. 욕을 잘하는 옆집 아저씨(김상호 분)의 대사에 나오는 "나는 집주인이고 당신들은 세 든 사람이야"에서 우리는 도시 빈민의 절망을 느낄 수 있다. 폐허가 된 너저분한 카바레, 옥탑방, 어두운 개척교회, 빈민가의 오르막길, 폐차 직전의 경차, 킥복싱 도장, 황량한 시골 장터. 이러한 공간적 장치는 영화를 보는 내내 우리를, 아니 나를 슬프고 음울하게 만들었다. 여기에 꼽추 아버지와 바보 삼촌은 그것을 더욱 심화시킨다. 희망을 이야기할 수 있는 유일한 것은 '완득이'의 심리 변화였고 그의 필리핀 어머니와 같은 반 여학생에 대한 '사랑'이었다.

언제부터인가 우리도 다민족, 다문화로 진화하고 있고 이미 외국인의 수는 100만을 넘었다. 그들 중 대부분은 이 땅에서 살고 싶어 하고 또 국적을 취득한 사람도 갈수록 늘고 있다. 그러나 여전히 우리의 의식은 이러한 현실을 따라가지 못하고 있다. 내가 근무하는 학교에도 이미 베트남, 몽골, 우즈베크 학부모가 있다. 아직 그들과 면담해 볼 기회는 없었지만 나 역시 학생 면담 때문에 그들과 마주하는 것이 조금은 꺼려지는 것이 사실이다.

　이러한 상황에서 '동주'의 행동은 80년대 민주화 운동만큼이나 혁신적이고 진보적이다. 그러니 그가 보통 선생인가? 그는 이 시대 어느 곳에서도 발견할 수 없는 선생이다. 내가 그를 닮았다는 우리 아이들의 이야기가 내게는 참으로 자랑스럽기까지 하다. '동주'의 다문화 사회에 대한 해법은 종교라는 이름으로 이루어지지만, 거기에는 종교보다는 훨씬 더 사람 냄새나는 모습이 많다. '완득이'의 어머니(이자스민 분)를 통한 '완득이'의 심리 변화를 유도해 내는 '동주'의 태도는 이를테면 우리 사회가 나아가야 할 방향을 제시하는 것처럼 보인다. 즉 그들을 끌어안을 수 있는 제도적 장치와 더불어 우리의 마음 역시 그 장치에 부가되어야만 한다는 것을 보여준다.

　나는 평생을 선생으로 살아왔다. 그런 시간 속에서 나와 아이들은 '동주'와 '완득이'로 만났고 또 헤어졌다. 나의 유일한 바람은 그러한 과정을 통해 우리의 교육으로 내가 가르친 아이들이 영화의 '완득이'처럼 이 사회를 건강하고 아름답게 할 수 있는 사람으로 살아내는 것이다.

교장에서 교사로
돌아오지 않으려는 이유 1

　이 이야기는 매우 예민한 부분이 있을 수 있다. 하지만 언젠가는 반드시 공론화되어야만 하는 이야기다. 비난을 감수한다.

　일상의 삶에서 특별한 문제의식을 가지고 살기란 참으로 어렵고 힘든 일이다. 문제의식이란 나의 내부에서 일어나는 여러 종류의 생각이나 관념을 하나의 줄기로 묶어내는 중간 과정을 가진다는 뜻인데, 이는 마치 쇠를 녹이는 용광로처럼 단 한 순간도 뜨거움을 잃지 말아야 하는 에너지를 소유해야만 하는 일이다.

　견고하고 변함없는 일상 속에서 강력한 관성을 거슬러야만 도달하는 지점이 문제의식이라고 가정한다면 나이가 들어갈수록 희미해질 수밖에 없다는 것에 수긍하게 된다. 하지만 삶의 과정에서 특별한 지점, 이를테면 급작스러운 상황의 변화와 마주하게 되면 불현듯 그 지점에 서게 된다.

만 4년의 교장 생활을 끝내고 오늘 아침, 교사로 출근하는 이 오묘하고 복잡한, 그러나 지극히 평온한 기분을 이해하는 사람은 수많은 교사 중에 사실 몇 되지 않을 것이다. 표면적으로는 분명 강등(降等)의 느낌이 없지 않다. 어떤 미사여구로도 덮을 수 없는 강등의 느낌은 매우 인간적일 수 있다. 지난 4년 동안 보장되었던 독립 공간은 사라져 버리고 미세하게 받아왔던 예우는 이미 내 몫이 아니다. 그저 평범한 교사의 등교가 실체적 진실에 가깝다. 그런데 나는 왜 그 많은 유혹을 뿌리치고 고집을 피우며 마침내 이 자리로 돌아왔을까?

가장 큰 이유는 교장의 역할과 교사의 역할이 지극히 평등하다는 것을 보여주는 데 있다. 이를테면, 교장이나 교사는 역할의 문제일 뿐이라는 것을 나는 온몸으로 보여주고 싶었다.

교사 중에 아주 특별한 능력을 갖춘 사람만이 교장이 되는 것이 아니라는 것을 보여주고 싶었다. 하기야 그 특별함도 따지고 보면 전혀 특별할 것 없는 능력이라는 것을 우리는 이미 잘 알고 있다. 보통의 교사가 교장이 되고 다시 교사가 되는 긍정적 순환을 미미(微微)한 내가 보여주고 싶었다.

하지만 아직도 나와 같은 교사는 너무 드물다. 즉, 교사가 여러 가지 승진의 장치 없이 교장이 되는 것(내부형 무자격 공모)도 아직은 기회가 너무 적고, 일단 교장이 되면 다시 교사로 돌아가지 않으려는 것이 대부분이기 때문이다(2010년 이후 교사 출신 공모교장이 다시 교사로 돌아온 경우는 전체의 22.5%에 불과하다. 즉 10명 중의 2명 정도만 교사로 돌아왔다). 교장이 되었다가 다시 교사로 돌아가지 않기 위해 여러 가지 방법을 시도해 보다가 여의치 않으면 퇴직을 해 버리는 것이 현실이다. 대한민국에 공모교장이 교사로 돌아간 비율을 보면 교장과 교사의 긍정적 순환은 요원해 보인다. 그 이유는 도대체 뭘까?

다음에 이어질 글에서 5가지 기준으로 요약해서 그 이유를 톺아보려 한다.

교장에서 교사로
돌아오지 않으려는 이유 2

 앞에서 교장이 되었다가 다시 교사로 돌아가지 않기 위해 여러 가지 방법을 시도해 보다가 여의치 않으면 퇴직을 해 버리는 것이 현실이라고 이야기했다. 그러면 다시 교사로 돌아가지 않으려는 이유는 도대체 뭘까?

 먼저 시간이다. 교사의 시간은 수업(수업 시간은 반드시 해야 하는 시간이기 때문에)과 수업 아닌 시간으로 구분된다. 여기서는 수업 아닌 시간을 '가처분 시간'이라고 가정하자. 본래 가처분이란 의미는 경제학적인 의미가 있으나 여기서는 일과 8시간 중, 수업 외 시간으로 한정한다. 수업이 많으면 많을수록 교사의 가처분 시간은 당연히 줄어든다.

 가처분 시간은 다시 교사에게 주어진 각종 업무처리 시간, 교과 교재 연구 시간, 학생 상담 시간 등으로 나누어지는데 수업 시간을 제외한 일과 시간(8시간)에서 이 시간도 온전히 교사의 시간은 아니다. 예를 들어보자. 하루 3교시 수업이 있다고 가정하면 5시간의 가처분 시간이 생기는데 점심시간 1시간을 제외하면 4시간이 나온다. 교재 연구 1시간 또는 그 이상, 업무처리 1시간 또는 그 이상, 상담 시간(담임이 아닌 경우는 이 시간은 제외된다) 1시간 또는 그 이상…… 약 3시간 또는 그 이상이 필요하다. 그러면 담임교사는 산술적으로 하루 8시간 중 약 1시간의 여유를 가지게 된다. 1시간의 여유는 이동시간과 개인적 용무로 채워지니 사실 교사는 하루 수업 3시간 이상이 있는 날이면 거의 개인적인 시간이 없을 수 있다. 그래서 자주 시간외를 사용한다.

교장은 어떤가? 일단 수업이 없다. 그리고 업무처리도 결재가 대부분이다. 부장 회의나 기타 업무 협의가 있을 수 있다. 1~2시간 정도가 필요하다. 결재하는 문서를 꼼꼼히 읽고 결재해도 경험상 2시간이면 충분하다. 그 외 시간은 특별히 제한이 없다. 나의 경우에는 일주일에 90분의 철학 수업을 위해 교재 집필과 연구를 매일 2시간 정도 했다(그것이 책 두 권으로 결실을 맺기도 했다). 그리고 학교의 여러 가지 전략에 대해 하루 1시간 정도는 고민했다. 이것도 매일 하는 것은 아니다. 행정실과 협의도 자주 하는데 그것도 매일 있는 일은 아니다. 어림잡아 하루 4~5시간의 자유로운 시간이 있다(개인차가 있을 수 있고 학교의 차이도 있을 수 있으며 특별한 문제 발생 시 교장은 그 모든 일의 책임자로서 무게를 견뎌야 한다). 하기야 교장의 24시간은 학교의 시간이다. 그 예로 교장은 시간 외 근무수당이 없다. 즉 '시간 외'가 있을 수 없다는 시간의 무게를 교장은 지고 있기는 하다.

여기에 교장은 출장이 많다. 4년 임기 동안 나는 출장을 최대한 자제하려 했다. 그래도 한 달이면 평균 3~4회의 출장이 생긴다. 출장은 교장에게 부여된 시간적 특권처럼 활용되기도 한다. 하지만 일과 시간 중 출장을 특권으로 생각하는 교장도 이제는 점점 사라지고 있는 것도 현실이다.

하여 결론은 이러하다. 교사는 시간에 쫓기고, 교장은 시간을 쫓아간다. 이것이 교장에서 교사로 돌아가기를 꺼리는 첫 번째 이유로 생각한다.

교장에서 교사로 돌아오지 않으려는 이유 3

두 번째 기준은 공간이다.

성장하면서 처음으로 내 방을 가진 것은 아마 대학입학으로 자취방이 생긴 때였던 것 같다. 하지만 내 방이 생기면서 동시에 내가 내 손으로 식사를 해결해야 하는 문제에 직면했기 때문에 나의 공간이 생겼다는 기쁨을 거의 느끼지 못했다.

직장 생활을 하고 나서 처음으로 나만의 독립 공간이 생긴 것이 지난 2019년 9월이다. 30년 넘게 교사 생활을 잠시 멈춘, 내 나이 58세가 넘은 해였다. 공모교장이 되면서 생긴 나의 독립 공간은 교실 한 칸 정도였는데, 공간이 너무 넓어 중간에 벽을 세워 행정실과 공간을 분할하고 본래 행정실이 있던 공간은 교무실 공간으로 확장하였다.

그렇게 4년이 지나고 나는 다시 교사로 돌아왔다. 그리고 다시 교무실이라는 공유 공간을 이용하게 되었다.

공간이 주는 의미

어려운 신경건축학[11] 이야기는 아니더라도 공간이 사람에게 주는 의미는 매우 크고 깊다. 그리고 그 공간이 독점 공간인가 혹은 공유 공간인가에 따라 인간의 뇌는 매우 다양한 반응을 보인다.

당연히 독점 공간에서 인간은 창의적이 되고 동시에 안정감을 느낀다. 일반적으로 회사에서 이사(理事)로 승진하면 독립 공간이 제공된다. 이사에게 독립 공간이 제공되는 이유는 보상의 측면과 동시에 좀 더 창의적인 발상이 요구되는 직책이기 때문이다. 이를테면 좀 더 이익 창출에 노력하라는 의미다.

학교에서는 오직 교장만이 이 공간을 가진다(물론 교감실이 있는 곳도 있지만, 완전한 독립 공간이라고는 볼 수 없다). 회사에서 이사실이 제공되는 것처럼 교장도 창의적으로 학교 발전을 위해 노력하라는 의미도 있지만, 학교는 이익 창출 기관이 아니기 때문에 이 기능은 사실 큰 의미가 없다. 학교에서는 예우(禮遇)의 측면이 더 크다.

공간을 독점하게 되면 스스로 그 공간을 조정하고 통제할 기회를

---

11 Neuroarchitecture, 건축물이나 공간을 마주할 때 인간의 뇌가 어떻게 반응하는지 분석하는 학문

보장받고 실제로 여러 가지 것에 개인적 취향을 추가하게 된다. 이런 과정을 통해 교장은 자신의 공간을 보장받게 되고 의도적으로 그 공간을 조정할 수 있게 된다. 차이는 있지만 보통 교실 한 칸(66제곱미터, 약 20평)이 교장실로 제공되는데 경우에 따라 그 반(10평) 정도도 있다.

그런가 하면 교사들이 공유하는 교무실에서 교사 개인이 점유하는 면적은 겨우 2평 남짓이다. 책상과 의자가 차지하는 면적과 약간의 사물함이 차지하는 면적이 전부다. 20평과 2평이 교장과 교사 사이의 간극이다.

교사들은 교무실의 나머지 공간을 공유하며 서로 부대끼고 생활한다. 물론 정도 들고 인간적인 유대가 두터워지기도 한다. 반대로 보고 싶지 않은 사람들과 매일 마주해야 하고 여러 물품을 공유한다. 점유와 공유의 사이 그 어느 지점이 교사들이 가지는 공간의 의미다.

예우 그리고 차별과 차이

분명하지는 않지만, 교장실은 예우(예의를 지켜 정중히 대우)의 공간일 가능성이 매우 농후하다. 이렇게 예우를 받으면서 4년을 보낸 공모교장들이 그 예우를 내려놓고 2평의 개인 공간과 나머지 공유 공간으로 돌아와야 한다. 독점 공간에서 가졌던 경험과 감각을 아무렇지 않게 내려놓기는 말처럼 쉽지 않다. 이 지점이 바로 교사로 돌아오기 꺼리는 지점 중 하나다.

 Discrimination & Difference. 두 단어는 비슷한 어근(Dis~, 떨어지다. 분리하다)을 가진다. 차별과 차이의 의미가 얼마나 다르겠는가? 그러나 차별을 당하는 처지에서 차별은 뼈아프다. 사실은 차이도 크게 다르지 않다. 하지만 서로 다르다는 의미로 받아들이면 다양성이라는 개념으로 포용될 수 있는 근거가 생긴다. 차별에서는 도저히 생각할 수 없는 부분이다.

교장에서 교사로
돌아오지 않으려는 이유 4

세 번째 기준은 '조직'이다.

현재 대한민국 학교는 조직 사회다. 조직 사회의 특징 중 중요한 하나가 위계(位階)다. 사실 교육이라는 대전제를 실현하는 학교라는 사회가 가져야 할 가장 중요한 가치는 '평등'임에도 불구하고 2023년 대한민국 학교는 너무나 분명하고 확실한 불평등에 기초한 위계가 존재한다. 물론 교육과 평등에 관한 의견은 다양하고 원칙적인 반론도 만만치는 않다.

우리가 알고 있는 대부분의 사회 조직에는 위계가 존재한다. 위계가 표면적으로 나타나지 않는 조직도 있고, 위계를 분명하게 강조하는 조직도 있다. 일반적으로 사회 조직 중에서 이 위계를 대단히 중요하게 생각하는 조직이 군(軍)과 행정기관이다. 그런데 놀랍게도 대한민국 학교는 조직의 편제상 행정기관의 특성을 그대로 가지고 있다.

아마도 대한민국 학교가 이런 성격을 가지게 된 이유는 일제강점기에 정착한 근대 교육기관 발전과 성장의 영향이 크다. 일제가 이 땅에서 저들의 방식으로 근대적 학교를 만들었고, 식민통치의 편리와 2차 세계대전을 거치며 학교에 군사 문화를 그대로 이식하였다. 그 결과 대한민국의 학교는 군사조직처럼 일사불란한 기관으로 고착되어, 해방된 지 80년이 넘어도 학교는 여전히 일사불란함을 강조하는 행정기관의 모습이 그대로 남아있다.

그러면 지금 우리가 있는 학교는 과연 얼마나 조직 문화(군사 문화)와 위계 문화가 침투해 있을까? 간단한 예를 들어보자. 오래전부터 별생각 없이 사용하는 '참모' 회의라는 용어가 있다(요즘은 다행히 많이 쓰지 않는다). 통상 부장회의라고 부르기도 하지만, 여전히 참모 회의라고 부르는 사람도 있다. 참모 회의! 여기서 '참모'는 군사 용어 그 자체다. '참모'란 군사 조직에서 지휘관의 부하로 작전, 인사, 군수 등에 관한 계획 및 실행을 담당하는 직책이다. 이 말이 학교에서 여전히 그리고 버젓이 사용된다.

2000년대 초반 경기도에서 시작한 혁신학교는 이러한 불편하고 권위적인 조직 문화의 토대 위에서 시작되었다. 권위적인 문화의 토대는 뿌리가 깊으니 일단 아이들에게 다가가는 방식이라도 수정하자는 것이 혁신학교 운동의 실체라고 나는 생각한다. 그 뒤 대안

학교(간디학교) 운동도 근본적인 구조는 일단 덮어두고 역시 아이들과의 관계와 교육 방식에 집중하였다. 정말 다행스럽게도 이런 변화의 운동은 덮어 두었던 뿌리 깊은 근본에 대해서도 생각해 보는 계기가 되었다.

4급 대우의 교장과 5급의 행정실장, 그러면 교사는?

위계에 의하면 행정직 4급은 서기관인데 이 서기관이라는 직급은 일제강점기에도 사용되었으나 3·1 운동 후 폐지되었다가, 정부수립 후 1948년 11월 인사사무처리규정에 의하여 다시 사용되었다. 한 마디로 일본식 용어다.

학교를 행정조직으로 보고 초중고 교장을 행정직 4급, 즉 서기관으로 대우하는 것이다. 도 교육청에는 행정직 3급도 있고 2급도 있다. 그러면 교사는 과연 몇 급인가? 혹자는 7급이라고 이야기하고 혹자는 (별정직이라는 근거로) 여전히 급수를 따지기 어렵다고 이야기한다. 하지만 교장이나 교감이 그리고 행정실장이 몇 급으로 대우받는다면 교사도 그에 상응하는 급수가 존재하기 마련이다. 그래서 7급이라는 이야기가 도출된 것이다.

4급 대우를 받던 사람(공모교장)이 7급 대우(교사)를 받는 것은 어떤 방식으로 설명해도 분명한 강등이다. 이를테면, 징계에 의하지 않고 이런 급작스러운 변화가 생긴다는 것은 논리적으로 쉽게 납득이 될 수 없다. 당연히 이런 변화가 불편하다. 수업을 하는 것과 업무를 처리하는 것이 달라서가 아니라 이런 변화에 대한 배려가 없는 상황이 공모교장이 교사로 다시 돌아오기 어려운 이유 중 하나다. 스스로 이런 강등을 자처하고 그것을 수용하기 위해서는 나름 큰 용기가 필요하다. 하지만 전체적으로 이 문제를 보면 교육적인 상황에서 교장에서 교사로 돌아오는 상황과 조직 속에서 교장이 교사로 돌아오는 문제는 구조상 완전히 다른 문제일 수 있다.

조직 사회와 학교의 미래

학교를 운영하기 위해서는 조직이 필요하다. 당연히 조직 내부의 위계도 어느 정도는 필요하다. 교육 행위도 순수한 개인의 자유 의지만으로는 어려운 부분이 분명히 있기 때문이다. 하지만 현재의 직급이나 위계는 분명 과한 부분이 있다. 4급에 준하는 예우를 위해 제공되는 여러 가지 것들은 학교라는 사회에서 반드시 필요한 것인가에 대한 고민이 필요하다. 그 예우가 사라지지 않으면 공모교장 제도의 긍정적 순환은 늘 공염불이 될 수밖에 없다.

교육은 마땅히 이래야 한다는 정답이 없을지도 모른다. 하지만 교육을 하는 학교에서 마땅히 사라져야 할 비교육적 요소는 분명히 존재한다. 군사조직에서나 볼 수 있을 것 같은 엄격한 직급과 그에 따른 과한 예우는 사실 교육과는 무관한 것들이다. 예측할 수는 없으나 이런 조직 문화와 직급에 따른 예우가 학교 현장에서 조정된다면 지금과 같은 일반적인 승진 문화도 어느 정도 조정될 수 있을지도 모른다.

교장에서 교사로
돌아오지 않으려는 이유 5

네 번째 기준은 '성과'다.

학교라는 구조 속에서 교사는 수업이라는 절대 과제를 수행하여야만 한다. 그 외 나머지 일은 수업 이후의 일이다(이 원칙이 지켜지지 않는 경우도 많지만, 원칙은 그렇다). 학교의 본질에 비춰보아도 교사에게 있어 수업만큼 중요한 일은 거의 없다. 일주일 동안 중·고교 기준 14~18시간, 초등 기준 30시간 전후의 수업은 학교라는 사회 조직이 존재하는 근본적인 이유에 해당한다.

그런데 교장은 이 수업을 하지 않는다. 수업보다 더 중요한 일을 하는 것일까? 하는 의문은 매우 당연한 이야기다. 교장 4년을 보내며 나는 일주일에 2시간 수업을 했다. 출장이 있으면 바꿔서라도 반드시 2시간의 수업을 했다. 하지만 교사에게 주어진 평가의 부담이 있는 일주일 18시간 수업과는 애당초 비교가 어렵다.

그러면 교장은 무엇을 하는가? 대부분 학교에서 교장의 역할을 '통할'로 표시하고 구체적인 업무를 제시하지 않는다. 그런데 이 통할이라는 단어는 2021년 초·중등교육법 제20조 제①항이 개정되면서 역사 속으로 사라졌는데 아직 어떤 학교는 그대로 통할이라는 단어를 쓰고 있다.

사실 이 통할이라는 단어는 군사 용어에 가깝다. '~ 거느리다', '~를 다스린다'는 왕조 국가 시대를 연상시킨다. 일제강점기 교육칙령의 잔재로 보이기도 한다. 왕조 국가, 식민통치, 권위주의 시대를 거쳐온 이 나라의 교육에 여전히 이러한 검은 그림자가 드리워져 있다. 그래서 이렇게 바꿨다.

> 제20조(교직원의 임무)
> ① 교장은 교무를 총괄하고, 민원처리를 책임지며, 소속 교직원을 지도·감독하고, 학생을 교육한다. 〈개정 2023. 9. 27.〉

그러면 '총괄'은 무엇인가? 표준국어대사전에는 '개별적인 여러 가지를 한데 모아서 묶음'으로 정의되어 있는데 교무 업무를 모두 묶어서 관리하는 것은 무엇일까?

교무 업무를 거시적으로 보라는 것이니 교사의 수업과 관련된 모든 일을 거시적으로 관장하라는 의미인 줄은 알겠으나 구체적인 방향이나 최소한의 방법은 제시되지 않고 있다.

  교직원을 지도·감독하는 것을 교장의 임무라고 말하는 것은 난센스다. 앞서 내가 이야기했던 조직의 측면에서 교장은 직책일 뿐, 직급이 아니어야 한다고 이해하고 싶었는데 초·중등교육법에서는 교장의 역할을 돌연 지도와 감독이라고 말한다면 분명 법은 교장과 교사 사이를 직급, 그것도 위계 혹은 서열로 이해하고 있다는 방증이 된다. 같은 역할 범위에서 감독이라는 말은 쓰지 않는다.

  마지막으로 '학생을 교육한다'라고 되어 있는데 교장이 학생을 교육하는 수단은 무엇일까? 일단 수업은 없다. 그러니 직접적인 교육은 어렵다. 마치 왕조시대의 왕처럼 학교에 존재하는 것만으로 학생을 교육한다, 뭐 그런 의미일까? 현실 부조화 법조문이다. 초·중등교육법 제20조 제①항 대로라면 교장에서 교사로 돌아온다는 것은 정말로 어려운 일이 되고 만다.

  구체적인 업무가 없으니, 성과도 없다. 해마다 교장 성과급을 정할 때 기준이 되는 성과지표의 대부분은 교장의 직접적인 성과와는 무관한 교사들의 성과에 편승하는 것이다. 그것이 교장의 역할이라고 이야기하면 할 말은 없지만, 나는 4년 동안 내가 하지 않는 일에 체크하면서 참으로 불편했던 기억이 있다. 학급이 많은 학교와 학생들이 대회에 입상한 것, 교사들의 자발적인 전학공 등이 성과지표로 제시되어 있는 것은 역설적으로 학교에서 하는 순수한 교장의 일은 무엇인가 하는 의문만을 가지게 한다.

최근 초등학교 교사들이 죽음으로 항변하는 사건들에서 학교장이 전면에 나서 문제를 해결했다는 이야기를 보거나 듣지 못했다. 이유는 간단하다. 그것은 교장의 일이 아니라고 생각하기 때문이다. 하지만 총괄이라는 단어에 그 모든 일이 들어있음을 그들은 모르는 척하거나 아니면 정말 모를 수도 있다.

성과를 낼 구체적인 일이 법령에 의해 정해진다면 달라질까? 교장이 해야 할 구체적인 업무를 제시할 수만 있다면 지금의 상황은 분명 바뀔 것이다.

늘 금과옥조로 여기는 미국 등 서양 교육에서 학교 교장이 하는 일을 법령에 분명히 제시하고 있는데, 제시하지 않는 나라는 별로 없다.

미국 초·중등 교장들이 하는 일 중에서 제일 중요한 것은 '연간 학교 교육 계획 및 프로그램 구성'(우리의 경우에는 대부분 교무부장의 일이 되고 만다), 학부모 상담, 방과 후 활동 구성 및 실행, 직원 채용, 학교 시설물 관리 계획 및 실행 등으로 명문화되어 있다.[12]

독일에서는 교장의 주요 업무가 학교 내 조정이 필요한 업무, 회의 및 연구회 참여, 후원단체 및 공동연구모임의 조정(독일은 학교 후원회가 예산의 일부를 제공한다), 지역 내 외부 기관(산업 보건 및 안전 서비스, 기업, 고용 기관, 학교, 경찰)과의 협력, 학교 당국과 협력하여 학

---

12   미국 앨버타주 공립학교 학교장의 임무 규정, Duties of a Public School Principal 2021. 일부 발췌

교 관리 지원, 종일반 운영과 오후반 돌봄을 위한 지원 및 조정(놀랍게도 이것이 교장의 임무에 속한다) 학교 버스 운행 및 통학길 안전을 위한 조정 지원 단체와의 협력, 펀딩 신청(예산 요구 계획으로서 매 분기별 작성인데 학교장이 작성하도록 되어 있다) 등이 있다.[13]

하지만 이렇게 명시적으로 또는 법령으로 제시되는 것과는 다르게 그저 '총괄'로 적혀 있는 것과는 책임의 소재가 다르다. 이렇게 명문화되어 있으면 교장의 분명하고 확실한 역할이 있게 된다.

만약, 이렇게 구체적으로 교장의 역할을 제시하는 법령이 제정된다면 교장으로 승진하려고 하는 의욕이 상당 부분 떨어질지도 모른다.

지난 4년 동안 나는 이런 명문화된 규정에 따라 성과를 측정하고, 그 결과를 도 교육청으로부터 요구받은 적은 단 한 번도 없다. 그래도 공모교장은 2년에 한 번씩 형식적 평가를 한다. 공모 외 교장은 평가라는 제도가 없다.

결론은 이러하다. 교장이 된 교사들이 다시 교사로 돌아가지 않기 위해 여러 가지 방법을 시도해 보다가 여의치 않으면 퇴직을 해 버리는 것이 현실이라고 이야기했다. 그 배경에는 교사로 돌아가 수업하는 것에 대한 부담(성과에 대한 부담)과 지도 감독을 하는 위치

---

13 노르트라인-베스트팔렌주 교육부는 '공립학교 교사 및 학교장에 관한 일반 업무규정(Allgemeine Dienstordnung für Lehrerinnen und Lehrer, Schulleiterinnen und Schulleiter an öffentlichen Schulen, 2020. 일부 발췌

에서 지도 감독을 받는 위치, 다시 말해 구체적 성과를 내지 않아도 되는 처지에서 성과를 내야하는 처지로 돌아가기 싫은 심리가 작동하고 있음은 물론이다.

교장에서 교사로
돌아오지 않으려는 이유 6

교장이 된 교사들이 다시 교사로 돌아가지 않기 위해 여러 가지 방법을 시도해 보다가 여의치 않으면 퇴직을 해 버리는 것이 현실이라고 이야기했다. 그러면 다시 교사로 돌아가지 않으려는 이유는 도대체 뭘까? 앞선 글에서 4개의 기준으로 이야기를 했다. 지극히 나의 기준이므로 분명 오류가 있을 것이다. 날카로운 비판을 감수하겠다고 말했지만, 실제 비판에 직면했을 때를 생각하니 두려운 마음도 있다.

교장에서 교사로 돌아온 선생님이 경남에 몇 분 계신다. 그분들의 술회도 아마 나와 비슷할 것이다. 교장 4년은 나에게 엄청난 도전이었고 경험이었다. 학교의 상황을 바꾸기 위해 노력을 기울이면서 현실의 장벽 앞에서 절망하기도 하였다. 학교에 교사로 있는 것과 교장으로 있는 것의 가장 중요하고 분명한 차이는 전망에 대한 무게와 좌표 설정의 책임일 것이다. 만약 교장의 직책을 담당한 사람이 자신이 있는 학교의 전망과 좌표에 대한 고민을 하지 않는다면 그 사람은 오로지 교장이라는 이름으로만 학교에 존재할 뿐이다.

자신이 근무하는 학교 운동장의 꽃 한 송이, 나무 하나에서부터 아이들이 생활하는 공간과 도구들, 그리고 선생님들의 공간과 도구까지 마음을 두어야 하는 것이 교장이라는 직책의 무게라고 생각한다. 그러한 유형(有形)의 학교는 물론이고 아이들과 선생님들의 삶이 진행되는 무형의 미세한 심리적 상황까지 통찰하여야만 하는 위치가 바로 교장이다. 통찰은 전체를 꿰뚫어 보는 것이지 세세한 모든 것을 알라는 것은 아니다.

얼마 전 이 나라에서 일어난 비극, 이를테면 학교에서 교사가 스스로 목숨을 끊은 상황 앞에 그 학교 교장이 보여준 지극히 사무적이고 냉랭한 학교의 입장문은 그 학교 교장이라는 사람에게 이 통찰이 없었다는 것을 단적으로 말해준다. 승진을 위해 불철주야 노력한 그들이 조금만 마음을 돌리면 분명히 통찰할 수도 있었을 것인데 문제가 있는 학교의 교장들은 한결같이 제도와 상황으로 자신을 엄폐(掩蔽)하고 있다. 통찰이 어려운 또 하나의 이유는 통찰의 선결요건이 자기반성이기 때문이다. 자기반성은 표면적으로 단위학교 조직의 정점에서 예우를 받는 교장에게 실로 너무나 어려운 요구조건이기도 할 것이다.

나에게 있어 교사로 살아온 30년과 교장으로 살아온 4년의 무게가 결코 평형을 이룰 수는 없다. 하지만 최근의 기억이 늘 강렬한 법이어서 교장 4년의 모든 순간이 현재의 나를 지배하고 있다. 잊을 것을 잊어야 한다는 것, 유지할 것만 유지해야 한다는 것, 그것이 상식이다. 예를 들어 교장이었기 때문에 받았던 예우는 잊는 것이 좋다. 하지만 교장으로서 가져야 했던 학교 전체를 보는 시선은 유지해야 한다. 하지만 사람의 일이 늘 그렇지 않다. 한순간에 스스로 교장이었음을 깨끗하게 지울 수도 없고 교사로 돌아왔음을 완전히 자각하는 일도 거의 어렵다. 때론 교장이었다가 동시에 교사이기도 한 이도 저도 아닌 어중간한 상황이 당분간 계속되면서 나를 흔들 수 있을 것이다.

마지막 수능 감독

 교직 생활 마지막 수능 감독을 하며 몇 가지 생각을 정리해 본다. 하루 종일 서서 지냈더니 일단 많이 피곤하다. 물론 의자가 제공된다. 사실 이것도 나를 포함한 수많은 교사의 민원으로 겨우 생색을 낸 것이다. 개인적으로 나는 수능 시험장 의자 민원을 3회 정도 제출하였다. 의자가 제공되어도 종일 서 있는 것이 대부분이다. 예민한 아이들 때문에 숨소리 내는 것도 조심해야 한다. 조금만 불리해도 민원이 빗발친다. 이 엄청난 일을 고등학교 교사들은 해마다 말없이 치르고 있다. 내년엔 이 일을 하지 못한다. 정년이 도래했기 때문이다. 그래서 이런 이야기를 할 수 있는지도 모르겠다.

선발의 주체와 선발의 객체

고등학교를 졸업하는 학생들이 진학하는 곳은 당연히 대학이다. 따라서 대학생의 선발 주체는 대학이어야 한다. 고등학교 교사는 3년 동안 열심히 가르치고 동시에 온갖 노력을 기울여 학생부를 기록하여 대학에 제공한다. 학생부에는 성적(교과 성적과 교과별 세부 특기 능력 등)과 행동발달 상황, 창의적 체험활동 등 3년 동안의 고등학교 생활이 망라되는데 고등학교 교사는 이 모든 일을 담당하고 있고 이것을 통해 대학교는 그들의 학생을 선발한다. 즉 우리는 대학생 선발의 객체로써 최선을 다하고 있다.

대학수학능력시험(수능)은 말 그대로 대학에서 공부를 수행할 능력을 검정하는 시험이니 이 시험의 주체도 당연히 대학이어야 한다. 그런데 대한민국에서는 이 시험의 출제와 채점 그리고 기타 운영 권한을 한국교육과정평가원(KICE)이 가진다. 즉 국가가 슬그머니 개입하는데 여기서부터 일이 틀어진다. 앞서 말한 것처럼 주체는 평가원이 아니라 대학이어야 한다고 생각한다. 대학이 연합하여 문제를 출제하고 채점하여 그 성적을 토대로 대학생을 선발하는 것이 타당해 보이는데 교육과정평가원이라는 곳에서 대학들이 해야 할 역할을 대행하며 여러 가지 문제가 생겨 난 것이다. 그런데 교육과정평가원장은 언제나 대학교수 출신이 담당한다. 이상한 일이다.

백번 양보해서 수능 문제를 평가원에서 고교 교사들을 모아 출제하는 것은 이해할 수 있다. 고교 수업을 기초로 해야 하기 때문이다. 하지만 그 시험을 시행함에 있어 대한민국 고교 교사 대부분을 이용하는 것은 전혀 다른 문제다. 수능 전 아이들에게 수능을 위해 수업하는 문제는 여기서 논외로 하자. 문제의 핵심은 수능일 하루 전과 수능 당일 전국의 수능 감독 교사들은 너무나 힘든 이틀을 보낸다. 수능 전날 감독할 학교에 출장을 가면서부터 수능 감독 업무가 시작된다. 시험 감독에 대한 장황한 연수를 듣고 수능 당일은 오전 6시 30분까지 감독학교에 출근하여 하루 종일(전체 7시간 이상을 줄곧 서서 감독) 시험 감독을 해야 하는데 통상 수능 다음날은 금요일이지만 학교 휴업이 아니다.

문제는 또 있다. 미세한 감독 교사의 실수도 민원의 대상이 될 뿐만 아니라 소송까지 가는 경우도 더러 있다. 이때 행정 소송 외에 민사 소송에 교사가 패소할 경우 그 책임은 온전히 교사 개인의 몫이 된다.

이 일을 수능 제도가 시행된 이후 교직 생활 내내 매년 수행해 왔다. 뭔가 일이 크게 틀어져 버린 느낌이다. 국가가 대학 선발을 위한 시험에 대한 제반 업무를 담당하는 것도 이상하지만, 그 일에 고교 교사들을 몰아넣는 일도 참으로 이상하다. 수능 출제 위원의 경험(교직 생활 내내 두 번의 경험이 있다)에 의하면 출제하는 각 과목에 최종 책임자는 대학교수였다. 그러면 시험을 시행할 때도 일정 비율에 따라 교수들도 감독을 하는 것이 맞다. 대학교수들은 수능을 통해 자신들이 가르칠 학생을 선발하면서 그 수능 시험 감독에는 단 한 명의 교수도 참여하지 않는다. 이상한 일이다.

    고교 교사가 3년 내내 가르치고 온갖 노력으로 학생부까지 쓴다. 거기다가 고교 교사가 주축이 되어 수능 문제까지 출제하고 그 감독까지 담당하여 대학에 그 결과를 올리는 것은 전제군주 시절의 군주와 신하의 모습이 연상된다. 대학이 상급기관이라는 법률적 근거가 있는가? 국립대 총장이 장 차관급이고 시도 교육감은 차관급이니 유추해석에 따라 대학이 상위 기관이라면 엄밀히 틀린 말은 아니다. 하지만 그 각 기관에 소속된 교사와 교수의 위치는 상하 관계가 아니다. 수능 시험을 포함한 대학 입시 제도로만 본다면, 지금 우리는 완전히 상하 관계에 있고 동시에 이 상황을 타파할 그 어떤 법적 근거도 가지지 못했다. 고교 교사로서 참 안타깝고 아프지만 현실이다.

대안으로 제시할 수 있는 것들

    수능 출제 및 시행에 대학교수의 참여가 필요하다. 최소한의 비율을 정해 출제처럼 감독도 부담해야 한다. 전적으로 고교 교사에게 부과하는 것은 대단히 부당하다.

    수능에 대한 권한을 국가가 가졌으니 수능 감독에 대한 각종 민원에 대한 법적 책임을 국가가 전적으로 책임져야 한다. 즉 행정 소송 이후에 민사 소송의 경우에도 그 어떤 불리한 부분도 당해 교사의 책임으로 전가하지 않아야 한다.

대학교수들의 참여가 불가능하고 상황이 어렵다면 수능 감독 이후 고등학교에 한해 금요일 하루 휴업일로 정하라. 고등학교만 쉬는 날로 해도 아무 문제 없다. 수능을 시행하는 날 휴업과 전혀 다르지 않다.

5장

미래 교육

미래 그리고
미래 교육

미래

확실히 '미래'에 대한 관심이 커졌다. 현재 모든 분야에서 우리는 이 '미래'와 만나게 된다. 여전히 현재를 살고 있는 나와 우리인데, 반드시 다가올 '미래'를 이렇게 애써 당겨 경험해야 할 만큼 그 '미래'가 절실한 것인지에 대해서는 잘 알 수 없다. 세상의 흐름은 내 의지와는 전혀 무관하다.

미래를 나타내는 영어 'future'의 어원은 의외로 간단하다. "that is yet to be; pertaining to a time after the present"(아직 오지 않은; 현재 다음에 오는 시간과 연관되는)로 풀이해 놓고 있다(온라인 어원사전, ⓒ 2001-2022 Douglas Harper).

한자 '未來'도 그저 오지 않았다는 의미가 강하다. 그러면 오지 않은 시간을 이렇게 자주, 그리고 이렇게 다양한 분야에서 언급하는 저변에는, 그 오지 않은 시간에 대한 불안감을 바탕으로 하여 준비(準備)와 나아가 선점(先占)의 욕망까지, 다양한 심리적 요인이 깔려 있다는 것을 알 수 있다.

21세기 사회를 권력(국가)과 자본(시장)에 의해 만들어진 거대한 시스템이라고 가정한다면, 권력과 자본이 미래에 관심을 가지는 것은 너무나 당연한 일이다. '준비'와 '선점'의 다양한 요건을 미래가 도래하기 전에 파악할 수만 있다면 권력과 자본은 무슨 수를 써서라도 그것을 알아내고자 할 것이다. 그 사실을 파악할 수만 있다면 권력과 자본은 더욱 강력해질 것인데, 아직 역사 이래 다가올 일을 미리 알아낸 권력이나 자본은 없었다. 그나마 다행이다.

그런 이유로 권력이나 자본은 고민이 깊다. 이를테면 '어떻게' 또는 '무엇을' 해야 '미래'를 엿볼 수 있을 것인가를 고민하였다. 미래를 엿보기 위한 방략(方略)을 짜기 위해서 필요한 자원을 찾던 중, 가장 효과적인 것이 바로 '교육'이라는 데 권력과 자본의 의견이 일치한 것이다. 그래서 '교육'이라는 거대한 명사 앞에 다시 거대한 명사 '미래'를 놓고 아직 오지 않은 시간과 공간을 가정해 보는 것이다.

분명하게 이야기하지만, 현재 유통되고 있는 '미래 교육'은 미래의 교육이 아니라 미래를 예측하기 위한 방법적 고민의 하나일 뿐이다. 현재 가용 가능한 모든 기술과 합리적으로 추론할 수 있는 다양한 방법을 교육 현장에서 시도해 보고 그 효과와 가능성, 그리고 미래를 예측할 수 있는 단서를 찾아내는 것이 목적이지만 안타깝게도 그런 기술이나 방법 또는 방향이 미래에 사용될 것이라고는 확언하기 어렵다는 큰 문제점도 있다. 이 문제는 현재 각 학교 교실에서 그대로 느낄 수 있다. 아마도 2025년 이후에 모든 학교에 설치될 전자 칠판이라는 도구 이전에 사용된 프로젝션과 그 전에 사용된 큰 TV 세트가 (당시에는 미래라는 명목 아래) 쓸쓸한 과거가 된 채 교실에 그대로 달려 있는 것은, 역설적으로 미래는 전혀 예측 불가하다는 것을 분명하게 증명하고 있다.

그럼에도 불구하고 현재 교육 현장에서 이루어지는 이러한 교육의 방향이 마치 미래에 대한 대비 능력이나 미래를 살아갈 능력인 것처럼 강조하고 심지어 마치 미래인 것처럼 현재를 꾸미고 있다는 사실이다(큰 틀에서 본다면 기초적인 준비 정도는 될 수 있다).

더욱 안타까운 문제는 미래 교육을 지향하는 현재의 교육 인프라가 여전히 현재조차도 떠받치지 못하는 허약한 구조라는 것이다. 현재의 도구로 이루어지는 현재의 교육조차도 원활하지 못하면서 감히 미래를, 미래 교육을 이야기하고 있는 것이 현재의 상황인 것이다. 막연하게 현재 상황보다 더 향상되고 원활해질 것이라는 기대를 혹시 '미래'라고 착각하는 것인지도 모른다.

과거의 시간이 차곡차곡 쌓여서 현재가 되었듯이 현재의 모든 상황이 미래를 구축한다. 다시 말해서 현재 이루어지고 있는 모든 교육이 곧 미래 교육으로 나타날 것이다. 당연한 결과로 현재 교육에 부가된 모든 교육적 자산은 곧 미래 교육의 자산이 될 수밖에 없다. 어쩌면 미래는 전혀 새롭지 않을지도 모른다. 미래는 어느 날 갑자기 우리에게 나타나는 신기루가 아니다. 그저 현재가 돌연 퇴색한 과거가 되는 그 순간이 현재이자 동시에 미래일 뿐이다.

지금 교실에서 이루어지는 교사와 학생의 모든 교육활동 자체가 곧 미래를 준비하는 그 모든 것이다. 몇 개의 신기술이나 몇 마디의 새로운 교육 이론이 미래를 구축하지는 않는다. 아니, 구축할 수도 없고 구축되어서도 안 된다.

미래 교육 플랫폼

미래 교육에는 으레 첨단기술, 컴퓨터, 인공지능, 3차원 가상세계(흔히 메타버스라고 불리는), 4차 산업이라는 용어들이 개입된다. 우리가 빈번히 사용하는 '플랫폼(platform)'의 어원적 의미는 '실행 계획'이다. 시간이 지나면서 Plat-은 평평하다는 뜻의 'flat'으로 발전하고 -form은 그대로 굳어져서 아주 일반적으로 19세기까지는 '기차역의 승강장' 정도의 의미로 쓰였다. 최근에는 기초가 되는 틀, 규격, 표준이라는 의미로 확대되면서 다양한 함의를 가진 단어로 탈바꿈하게 되었다.

특히, 최근 경향에 따르면 새로운 기술이나 새로운 방법 등을 의미하는 플랫폼은 우리 사회 전반에 널리 퍼져 있어서 이제는 첨단

기술, 컴퓨터, 인공지능, 3차원 가상세계, 4차 산업 등의 단어들과 그 경계를 뚜렷하게 구분할 수 없는 상황에 이르렀다.

어쨌거나 미래 교육 플랫폼이라는 말속에는 엄청난 의미가 숨어 있다는 것인데 막상 그렇게 생각해 보니 미래 교육이 가지는 지향점을 분명하게 정하지 않고서는 역설적으로 단 한 발짝도 나아가지 못하는 상황이 된 것이다.

그러면 '미래 교육의 실행' 방향은 과연 무엇일까? 지금 아이들에게 보급된 태블릿과 컴퓨터를 이용한 상호학습 플랫폼은 어떤 방향으로 나아가기 위한 도구나 수단일 것인데, 교육청은 그것을 방향 자체로 이해하는 것은 아닐까? 미래 교육은 그 기계를 활용하는 것이 아니라 그 기계들이 일상화된 시대를 살아갈 아이들의 자아 성취 과정일 것인데, 도구가 본질을 가리고 있다는 느낌을 지울 수가 없다.

미래를 살아가기 위해 필요한 방법은 역설적으로 현재를 살아가기 위한 방법과 전혀 다르지 않다. 사실 미래는 단 한 순간도 끊이지 않고 이어지는 현재의 연장선일 뿐이다. 다시 말하면 현재 아이들이 학교에서 하고 있는 모든 일이 바로 미래인 것이다. 뭔가 완전히 새로운, 뭔가 전혀 다른 세계가 갑자기 펼쳐지는 것으로 미래를 생각하는 것은 오산이다.

그래서 중요한 것이 바로 지금 교실에서 이루어지고 있는 수업 장면이다. 아이들과 함께 꿈꾸고 아이들의 이야기와 교사의 이야기가 서로 소통되는 교실이 바로 미래 교실인 것이다. 몇 개의 기계적 장치와 몇 개의 플랫폼이 아이들을 미래로 이끌어 가지 않을 뿐만 아니라 그렇게 해서는 매우 곤란하다. 지식을 배우고 익히는 동시에 그 지식이 왜 필요한 것인가를 알게 하는 것, 그리고 내가 소중한 존재인 것처럼 나와 함께 있는 모두가 소중한 존재라는 것을 알게 하는 교육이 바로 미래 교육이어야 한다.

철학의 부재

현재 모든 교육적 패러다임을 미래 교육이라는 거대한 블랙홀이 빨아들이고 있다. 뭐든 미래라는 말만 앞에 놓으면 일단은 뭔가 가치 있는 것처럼 보이는 상황이다. 그래서 너도나도 미래를 너무 많이 사용한다. 정작 그 미래에 대한 분명한 방향도 정해 놓지 않았으면서.

사실 아직 오지 않았기 때문에 그 어떤 말이나 생각도 분명하게 옳거나 혹은 잘못되었다고 말하기는 곤란하다. 다만 오지 않은 그 상황에 대한 우리의 생각을 미리 갖춰 놓아야 할 의무는 있다. 만약 생각 없이 있다가 어느 날 문득 현실이 되었을 때 우리는 당황하게 될 것인데, 그중에서도 가장 먼저 정립해야 할 것이 바로 미래 교육에 대한 철학이다.

미래 교육을 위한, 혹은 미래 교육에 대한 철학은 어쩌면 교육 본질론에 가깝다고 말할 수 있다.

교육의 본질을 어떻게 볼 것인가 하는 문제는 많은 학자에 의해 연구되고 있지만, 여전히 모호한 면이 있다. 이를테면 국가 혹은 사회에서 필요한 인재 육성으로 보는 관점과(흔히 말하는 '4차 산업 시대를 대비한~') 개인의 발전과 품성 함양의 결과로 사회나 국가 발전에 이바지한다는 관점인데, 이 두 개의 관점 모두 일단 개인의 자질이나 역량 그리고 품성을 교육이라는 시스템을 통해 키우자는 것은 동일하다.

위 두 가지 어떤 경우에라도 지식은 모든 것의 핵심이다. 이전 시대 그리고 지금도 통용될 수 있는 강제적이고 무조건적인 암기를 통한 지식을 말하는 것은 아니다. 이미 손가락만 움직여도 스마트폰을 통해 거의 모든 지식을 찾아볼 수 있기 때문에 모든 것을 암기할 필요는 없다. 다만, 조각난 지식을 연결 지울 수 있는 정도의 지식이 필요하다. 지금 큰 반향을 일으키고 있는 ChatGPT가 아는 모든 것을 알아야 하는 것이 아니라 ChatGPT를 이용할 정도의 지식은 필요하다. ChatGPT를 이용하는 지식이란 ChatGPT가 우리의 질문에 진술한 내용의 진위(眞僞)와 얼개를 판단할 수 있을 만큼의 지식은 필요하다. 그 정도의 수준에 도달하기도 매우 어렵다. 그래서 미래를 준비하는 교육은 그 어려운 능력을 배양할 수 있는 지식 교육도 반드시 필요하다는 것이다. 이것은, 일단 뭔가 알아야 판단할 수 있다는 지극히 간명한 조건에서 출발한다.

다음은 소통 능력이다. 소통(疏通)의 사전적 의미는 '뜻이 서로 통하여 오해가 없음'(국립국어원)으로 되어 있다. 뜻이 서로 통하려면 타인의 의중을 알아차리려는 노력이 필요한데 그 노력의 핵심은 상대방에 대한 존중이다. 따라서 소통 능력의 바탕은 존중이다. 상대를 존중하려면 먼저 자신을 존중할 줄 알아야 한다. 자아존중감은 '자만'과는 다르다. '자만'은 늘 상대라는 비교 대상이 필요하다. 하지만 자아존중감은 비교 대상 없는 엄밀한 자아에 대한 정확한 판단을 기초로 한다. 자아 개념의 확립에서 상대방에 대한 존중은 시작되는 것이다.

60을 넘긴 나 자신도 여전히 지식에 목말라하고 동시에 자아 개념 확립에 의심이 가는 것이 현실인데 초중고를 다니는 아이들이 그런 것을 갖추게 한다는 것은 거의 불가능에 가깝다. 하지만 그렇게 되기 위해 쉼 없이 노력해야 하는 것이 바로 교육이다. 현재 우리 사회에 일어나고 있는 모든 문제적 상황은 결과에만 치우쳐 자아 개념의 정립은 꿈도 꾸지 못하게 만든 교육 시스템의 문제일 가능성이 크다. 이런 분위기와 상황을 만든 사회나 국가 모두가 책임을 회피할 수는 없다.

그러함에도 우리는 이제 분명하게 미래를 준비하여야 하는 난감한 상황에 있다. 단순 지식 교육은 낡은 교육이 되어 교실 공간에서 점점 줄어들고 있다. 어쩌면 교실 수업 장면에서 교과과정을 이해하고 공감하면 그것으로 교실 수업은 성공했다고 볼 수 있다. 하지만 학생 스스로 그 시간에 있었던 수업 내용을 내면화하지 않으면 시간의 경과에 따라 학생들에게는 아무 지식도 남지 않을 가능성이 크다. 방법적인 회의에 빠지는 대목이다. 도대체 어떻게 아이들에게 지식을 내면화하게 할 것인가? 이 고민은 사실 인간 교육의 역사 이래 계속된 고민이기도 하다.

자아존중감 교육도 어렵기는 마찬가지다. 자아존중감이 타인에 대한 존중과 배려로 확대되고 그것이 소통으로 연결되려면 개인적으로 매우 힘든 과정을 거쳐야 가능하다. 다만, 지금 교실에 있는 아이들은 자아존중감에 기초하지는 않지만 10~20년 전 아이들보다는 협업 능력은 뛰어나다. 아마도 사회적 분위기가 작동하고 있는 것 같다. 하지만 이와 같은 아이들의 협업 능력을 가만히 관찰해 보면, 협업 그룹 내부의 위계적 상황이라는 약점을 보게 된다. 대부분 이 위계적 상황은 상호 합의에 의한 것이라기보다는 소수의 일방적 의견으로 만들어지는 경우가 많다. 그래서 교사가 개입하여 조정해야 하는데 이 과정에서 협업의 동력이 약해지기도 한다.

이러한 상황임에도 불구하고 우리는 미래 교육을 위해 현재 교실에 있는 아이들의 지식 교육과 소통 능력 함양을 철학적 기초로 삼아야 한다(반대 의견이 있을 수 있음). 저 유명한 'scientia potentia est'(knowledge is power, 아는 것이 힘이다)'를 철칙으로 삼자는 이야기는 아니다. 다만 알고 있어야 모든 것이 가능해진다는 것도 분명한 사실이다. 더불어 자아 개념 확립을 위한 다양한 노력도 끊임없이 방법을 강구해 보아야 한다. 중고 교육과정에서 매우 진지한 철학 교육이 필요한 이유이기도 하다.

작은 결론

미래 교육은 현재 모든 교육의 전망이자 동시에 결과가 될 것이다. 현재가 충분하다면 다가올 미래가 그렇게 걱정스러운 것은 아니다. 하지만 미래라는 상황은 누구도 겪어볼 수 없는 상황이기 때문에 늘 다양한 준비는 필요하다. 지금 하고 있는 교육을 넘어서는 교육이나 지금 교육과 다른 전혀 다른 방향의 교육이 미래 교육이라고 생각하지는 않는다.

현재를 기초로 한, 현재 상황이 반영된 교육이 미래 교육의 바탕이 될 것이며 당연히 그래야만 한다. 지식을 기초로 하여 협업과 소통이 이루어지는 교실 풍경은 현재나 미래나 우리 모두가 바라는 소중한 풍경이어야 한다.

혁신교육의 미래

 여름 방학을 앞두고 교사 대상 연수 프로그램을 소개하고 모집하는 공문이 많이 접수된다. 특정 교과나 목적이 있는 연수를 제외하고 교사 전체를 대상으로 하는 연수에는 연수 주제에 '행복'이라는 단어가 많이 사용되는 것을 볼 수 있다. 잘 알고 있듯이 '행복'이라는 단어는 경남형 혁신교육의 핵심 주제어이다.

 30년을 넘게 선생을 하면서 수많은 교육운동 또는 교육 방향을 겪었다. '겪었다'라는 표현을 쓴 것은 내 의지와 무관한, 거의 일방적인 사태가 나에게 다가왔다는 의미이다. 또 하나의 의미는 학교에서 그러한 방향 탓에 힘든 기억이 있다. 그 이유는 그러한 '운동'이나 '방향'을 내 지식과 판단의 필터에 통과시켜 보니 대부분 동의할 수 없는 부분이 더 많았기 때문일 것이다.

그리고 지금의 혁신 패러다임이 교육에 적용된 지 12년(2009년 경기도에서 혁신학교 등장)이 넘어가는 2021년 지금, 여전히 이전의 것들과 같은(일방적인) 방식으로 나에게 다가온 혁신교육(경남 행복 교육)을 되짚어 보면서 우리가 가야 할 방향과 현재 혁신교육의 방향에 대해 진지한 고민을 해 본다(여전히 겪고 있다는 느낌이 더 강하다).

대학이나 연구자에 따라 혁신교육의 방향이나 바탕은 약간 다를 수 있지만, 지금까지 연구되거나 알려진 혁신교육의 중요한 방향이 학교 현장에서 나타나고 있는 것으로 제한 범위를 둔다면 아래와 같이 요약될 수 있다.[14]

- 학교 민주주의와 교육 자치 문화 조성
- 학교 구성원 상호 협력을 통한 공동체 형성
- 학생의 행복한 삶과 성장을 위한 교육과정 운영 및 개발
- 교육과정-수업-평가의 연계에 따른 교육과정과 수업의 변화
- 교사의 전문성 신장을 위한 노력과 지원
- 단위학교에서 존중과 지원의 리더십

사실 위 6가지가 교육 현장에서 이루어지기 위해서는 요구되는 것이 한둘이 아니다. 가장 우선 고려해야 할 문제는 우리 사회가,

---

14　교육부 자료 및 여러 논문 자료 참고하여 독자적인 관점으로 재편함. 의견의 차이는 있을 수 있음

아니 대한민국이라는 정치체제가 교육을 바라보는 시각이다. 이를테면 교육을 국가 자본의 확대 재생산 도구로 보는가 아니면 국민(시민)의 더 나은 삶을 위한 터전으로 보는가의 문제다.

근대국가에서 당연히 교육은 국가 생산력 확대의 충실한 도구였다. 산업생산력의 확대를 위한 신기술과 그것을 위한 훈련은 교육의 충실한 목표이자 전부에 가까웠다. 거기에 국가 정치이념의 반강제적 주입이 부가되어 교육은 근대 자본주의 발전에 지대한 공헌을 하게 된다. 당연히 이러한 국가 주도의 방향이나 목적에 부합되지 않는 모든 것은 배척되었고 심지어 타도 대상이었다. 이 흐름은 사실 지금도 여전히 국가 교육의 중요한 방향으로 설정되고 있다.

21세기가 시작되고 변화의 속도가 빨라지자 더불어 국가 교육의 방향이나 정책도 그 변화의 속도가 빨라졌다. 빨라지면서 생기는 문제는 '간과(看過)'다. 즉 놓치는 것이다. 놓치지 않기 위해 다시 처음으로 되돌아가기를 반복하는 것은 어쩌면 너무나 당연한 과정이기도 하다. 변화하는 속도에 감응하는 교육적 구조를 만들어 내는 동시에 놓치는 부분이 덜한 교육적 구조도 함께 구축해야 하는 것이 우리 시대의 사명이 된 것이다. 그런 노력 중 하나를 혁신교육이 담당하고 있을 것이라고 생각한다.

'革新(혁신)'이라는 단어 속에 있는 革은 머리 가죽을 벗기는 장면을 본떠 만든 상형문자다. 皮는 몸통의 가죽이라 비교적 용이하게 벗겨지지만 '혁(革)', 즉 머리 가죽은 그 형태의 복잡성 때문에 쉽게 벗기기 어렵다. 뿐만 아니라 정해진 시간 안에 매우 복잡한 머리 가죽을 벗겨야 하므로 시간적으로도 빠른 손놀림이 요구되는 고난도의 작업이다. 큰 틀에서 보자면 21세기 빠른 변화에 맞는 교육 방법으로 '혁신'의 의미를 차용한 것은 적절한 것으로 보이기는 한다. 하지만 인류 역사를 돌아보고 또 돌아보아도 이 '혁신'이 제대로 작동한 시대는 거의 찾아볼 수 없다는 것이 상식 중의 상식이다.

앞에서 6개의 혁신교육 중에 가장 어려운 것은 내 관점에서 세 번째 '학생의 행복한 삶과 성장을 위한 교육과정 운영 및 개발'이다. 앞서 이야기한 것처럼 교육이 국가 자본의 확대 재생산의 도구로 인식되는 한, 학생의 행복한 삶과 성장을 위한 교육과정 운영은 현실적으로 어렵다. 서열화된 대학 순위가 아무렇지 않게 회자되고, 수능 날 아침이면 대한민국 전체가 일사불란하게 움직이는 지금의 상황에서 학생의 행복한 삶이 과연 보장받을 수 있을 것인가?

라디오 광고에 대학 학생 모집 광고가 등장하고 '오직 취업'이라는 카피를 들으면 대학 교육의 현주소가 보인다. 미래 교육 이야기만 나오면 빠짐없이 '4차 산업 시대의 필요한 인재'라는 말이 등장한다. 하지만 그 말은 안타깝게도 근대 산업사회의 시작점에 있었던 국가주의 교육(기술개발을 통한 산업인력의 육성, 그리고 먹고사는 문제로 연결되는)의 21세기 버전일 뿐, 그 안에서 학생의 행복한 삶이나 성장을 찾아내기란 거의 불가능하다.

물론 언제나 먹고 사는 문제는 중요하고 또 교육의 핵심 중의 하나이기는 하다. 하지만 그것의 비중이 전체를 압도한다면 그것은 교육이라기보다는 훈련에 가깝다. 단지 '행복'이 기술개발을 통한 '부(富)'의 증대에 있다면 별문제가 되지 않지만 그렇지 않다는 사실을 우리 모두는 너무나 잘 알고 있지 않은가! 그래서 무엇인가 새로운 방향으로 교육을 바꾸고자 하는 것이 혁신교육인데 여전히 대한민국은 대학 순위가 우리 삶을 지배하고, 경제적 능력 향상이 교육의 온전한 목적으로 인식되고 있는 사회이다. 암담한 것은 이러한 생각은 갈수록 심화되고 있다.

그러면 앞으로 혁신교육은 어떻게 진행되어야 하는가? 존중과 지원의 리더십을 위해 내부형 교장 공모제를 시행하고, 학생의 행복한 삶과 성장을 위한 혁신학교(행복학교)를 만드는 것으로 혁신교육이 잘 진행되고 있는 것일까?

문제는 또 있다. 두 번째 조건인 '학교 구성원 상호 협력을 통한 공동체 형성'이다. 지난 10여 년 혁신교육의 성공을 위해 노력해 온 학교 구성원들, 특히 교사의 노력에 대한 문제다. 경남형 혁신교육, 즉 행복학교가 시작될 때 행복학교 정신에 동의한 모든 교사는 참으로 기쁘고 즐거운 마음으로 각 학교에서 열과 성을 다해 헌신했다. 그 결과 정말 많은 것이 달라졌고 행복학교 아이들은 행복한 학교생활을 하게 되었다. 하지만 언제나 모든 일에는 문제가 없을 수 없다. 시간이 계속되면서 가장 크게 나타난 문제는 교사들의 소진이었다. 교사들의 열정은 끝없이 샘솟는 것이 아니다. 교사들의 소진을 촉진한 것은 놀랍게도 학교 밖에 있는 사람들이 아니라 같은 구성원 중에 있었다는 것이다.

　행복학교에 대한 기대가 있는 일부 학부모와 행복학교의 취지를 자신의 성과로 드러내려는 일부 몰지각한 관리자가 교사의 소진을 가속시켰고 그 결과 행복학교 정신에 동의하면서도 그 학교를 떠나는 교사들이 생겨난 것이다. 이런 예민한 문제를 도 교육청에서 예측하고 살펴볼 리는 만무하다. 오히려 도 교육청은 끝없이 행복학교 정신을 확산시키려는 데 집중하는 사이 교사들은 쓸쓸히 행복학교를 떠나는 일이 늘어나고 있는 것이다. 이 문제는 현재 진행형인데 통계적으로 또는 표면적으로 나타날 문제가 아니어서 이렇게 이야기하는 것조차 공격의 빌미가 될지도 모르지만, 최소한 내가 아는 한 행복학교 정신은 여러 곳에 균열이 생기고 있다는 것이다.

　혁신의 가치와 행복학교의 근본 취지를 고려해 본다면, 10년 이상 된 체계를 다시 점검해 보고 문제가 있을 경우 그 부분만 도려내는 것이 아니라 최초로 되돌아가 새로운 틀로 이 문제를 시작해야 될 것이다. 혁신이란 언제나 기존의 것을 죽여야 하는 숙명을 가진 것이다.

　앞서 이야기한 것처럼 인류 역사 전체를 통해 '혁신'이 성공한 경우는 거의 찾아볼 수 없다. 왜냐? 매우 어렵고 매우 힘든 일이라서? 가장 중요한 원인은 기존의 토대를 거의(어쩌면 완전히) 부정하고 새로운 토대를 구축해야만 그것이 혁신인데 있는 토대 위에서 기존의 가치관을 유지하면서 새로운 변화를 시도한다는 것은 처음부터 어려운 일이거나 혹은 불가능한 일이었을 것이다.

그 현장에 서 있는 나는, 이전 시기에 겪어왔던 소용돌이를 다시 한번 겪어내고 있음인가?

예술 교육에 대한 생각

인문계 고등학교에서 예술 교육

나는 예술 교과 교사가 아니다. 하지만 우리 교육 현장에서 갈수록 희미해져 가는 예술 교육의 현실을 생각해 본다. 이 땅의 왜곡된 사회 구조와 그에 따른 교육 구조에 의해 가장 왕성한 예술적(미적) 감흥을 가진 초, 중, 고 아이들에게 충분한 기회를 제공하지 못하는 것이 아닐까 하는 걱정이 단지 기우이기를 바라며 이 글을 쓴다.

19세기 말 영국 출신의 수필가 월터 페이터(Walter Horatio Pater)는 "모든 예술이 음악의 상태를 열망한다"라고 말했다.[15] 사실 이 말은 좀 더 거슬러 올라가 18세기 말에서 19세기 초를 살다 간 독일의

---

15 월터 페이터 모음집, 옥스퍼드 출간 Collected Works of Walter Pater, 2019

철학자 쇼펜하우어(Arthur Schopenhauer)의 『Die Welt als Wille und Vorstellung』(의지와 표상으로서의 세계)의 내용을 인용하여 '페이터'가 좀 더 쉽게 풀어 쓴 것으로 이해될 수 있다. 쇼펜하우어의 음악에 대한 견해는 음악에 대한 매우 중요한 진실이기도 하다.

그는 유독 음악에서만은 예술가가 다른 여러 목적을 위해 흔히 사용하는 커뮤니케이션 수단을 통하지 않고서도 청중에게 직접 호소할 수 있다고 생각했다. "건축가는 어느 정도 실용적인 목적을 같은 건축물로 스스로를 표현해야 한다. 시인이 사용하는 언어는 일상에서 오가는 대화에도 쓰인다. 그리고 화가는 대개 가시적 세계를 재현함으로써 자신을 표현한다. 그러나 오직 작곡가만은 자신의 의식에 따라 일상의 표현방법이 아닌 것을 통해 자유롭게 예술작품을 창작한다"라고 이야기했다.[16]

인문계 고교에서 예술 교과(음악, 미술로 한정한다) 편성은 국가 수준 교육과정으로 정해져 있다. 따라서 교육과정 편제상 예술 교과는 다른 교과와 균형을 맞춰 편성되어 있다. 하지만 학교 교육 현장, 특히 인문계 고등학교 현장에서 바라보는 예술 교육은 청소년기의 예술의 중요성이라는 측면에서 그 취지와 방향이 희미해져 가는 것도 사실이다.

내가 근무하는 학교의 2025년 신입생 기준으로 예술(음악, 미술)

---

16 『Die Welt als Wille und Vorstellung』 쇼펜하우어, 곽복록 번역, 올재, 2021. 38쪽, 77쪽

교과는 1, 2학년에 걸쳐 총 10단위를 이수하게 되어 있다(학교마다 증감이 있을 수 있다). 1학년에 학기당 3시간과 2학년에 학기당 2시간을 음악, 미술 교과로 편성되어 있는데 이 단위 수로 고등학교에서 이루려는 예술 교과의 목적에 도달하는 것은 사실상 희박해 보인다. 문제는 또 있다. 일부 학교에서는 예술 교과를 편성하고도 수업 시수의 문제로 예술 교과 교사 중 교사 수급이 어려운 과목을 대부분 시간 강사에 의존하고 있는 실정이다(참고로 내가 재직하고 있는 학교는 음악 교사를 전부 시간 강사로 하고 미술 교과도 일부 시간 강사를 채용하는 실정이다).

물론 시간 강사의 수업이 수준이 떨어진다거나 혹은 수업의 충실도가 떨어진다는 이야기는 분명 아니다. 이야기의 핵심은 예술 교과의 편제와 교사의 수급 상황이 예술 교과에 대한 여러 문제를 잉태하고 있다. 뿐만 아니라 이 문제는 점점 심화되는 양상이다(교육청별 전 과목, 및 전체 교사 인원 수급의 문제와 연결되어 있다).

여기에 더하여, 내가 중학교 교장으로 재직했던 당시 작은 학교(전 학년 3~5학급)였던 우리 학교에서 음악, 미술 교과 교사들은 반드시 몇 개 학교를 순회하여야만 했다. 순회 교사 문제의 핵심은 수업 시수의 문제에서 출발한다. 일주일 동안 2~3개 학교를 순회하여 주당 수업 시수를 채우게 된다. 그런데 교사가 몇 개 학교를 순회하는 것은 당해 교사에게 정신적, 육체적 부담을 가중시켜 순회하는 각 학교 수업에 악영향을 줄 수도 있다. 더불어 예술 교과라는 고유의 영역이 가진 특수성을 배려하지 못하는 것도 사실이다.

초등학교에 입학하면서 우리는 음악과 미술 교과를 통해 우리 안에 내재된 예술적 감성을 일깨워 왔다. 즉 대다수의 우리는 공교육 체제가 제공하는 범위에서 최소한의 예술 감성을 키운 것이다. 아마 우리가 알고 있는 음악, 미술에 대한 대부분의 지식이나 감성은 학교 예술 교육과정의 결과로 얻어졌을 것이다. 부정할 수 없는 사실이다. 하지만 지금 대한민국에서 초등학교를 졸업한 이후 중, 고교에서 이루어지는 예술 교육은 아이들의 예술적 감성을 일깨우기에는 제법 어려움이 있어 보인다.

특히, 현재 대한민국 중·고등학교 중 읍·면 지역의 학교급 규모는 6학급 이하가 60%에 육박하고 있다(2013년 교육개발원 자료 참고, 교육개발원에서 제공하는 자료는 2013년 자료밖에 없다. 아마 지금은 70%를 넘을지도 모른다). 그중 3학급 이하 학교 비율은 아예 통계도 없다. 그 3학급 이하 중학교에서 4년 동안 교장을 하면서 본 아이들의 예술 교육은 현재 위기에 봉착해 있다. 그렇게 부실해진 예술 교육이 다시 고등학교에서 정상화 혹은 내실화되지 못한 채 아이들은 성인이 되어 가는 것이다.

초중고 예술교육 관련 예산 삭감

거기다가 윤석열 정부는 다음과 같은 일을 감행했다. 정부는

2024년 학교예술강사지원사업[17] 예산을 전년 대비 50% 삭감한 데 이어, 2025년에는 72% 삭감한 정부예산안을 제출하여 2년 동안 547억에서 80억으로 86% 삭감했다(2025년 정부 예산안 및 학교예술강사지원사업 홈페이지 참고). 현재 우리 초중고 예술교육의 현황을 단적으로 설명하는 대목이다. 이 학교예술강사지원사업은 읍면 지역, 특히 면 지역 학교에 다니는 초중고 학생에게 예술 경험을 제공할 수 있는 방법 중 하나로 학교에 다양한 예술 강사(음악, 미술, 무용, 공연 등)들이 직접 찾아오는 서비스였다. 물론 이 과정에서 여러 가지 문제점이 있었으나 본래의 목표대로 아이들의 예술적 감성을 일깨우는 데 크게 기여한 것도 사실이다. 하지만 현 정부는 이러한 예술 강사 사업을 시행하는 과정에서 일부 강사의 연대를 엉뚱하게도 교육 카르텔로 파악하여 2024년도 예산을 삭감하더니 2025년에는 거의 삭감하여 예술 강사 사업은 이제 겨우 이름만 유지하게 되었다.

당연히 학교예술강사지원 사업으로 해 오던 모든 학교의 사업은 내년에는 거의 멈출 것이고 그 과정에서 그나마 이 사업에 의해 사교육을 통하지 않고 다양한 예술 교육을 받아오던 면 지역 초, 중, 고 학생들의 예술 교육은 멈추게 될 것이다. 부수적으로 그동안 강사로 활동했던 강사들은 근로의 기회조차 잃게 될 것이다. 예술 교육이 다시 일부 계층의 전유물로 되는 단초를 이 정부에서 제공하

---

17   2008년 시작된 제도권 교육기관 내 예술과 공교육을 연계한 학교 문화예술교육 정책사업

는 것이 아닐까 하는 희미한 의심조차 든다.

하기야 현 정부 교육부 관료들의 머릿속에 예술 교육이라는 가치가 있을 리 없다. 그보다는 자신들의 영전을 위한 상급 기관에 대한 눈치가 우선일 것이다. 매우 분명한 사실은 초, 중, 고 예술 교육을 통한 아이들의 풍부한 감성의 함양이 다가올 미래 교육의 중요하고 분명한 터전 중 하나일 것인데, 교육관료들이나 정부의 관료들은 아예 예술 교육에 대한 생각이 없거나 학교 현실을 파악하지 못하거나 아니면 극소수가 독점하는 이전 시대의 예술 교육이 정상적이라 생각하는지도 모르겠다. 기타 사교육 문제는 다양한 이해관계가 있기 때문에 여기에서 다룰 수는 없지만, 예술 교육과 관련된 사교육의 거대 자본이 현 정부 정책에 어떤 영향도 미치지 않았을 것이라고 단언할 수는 없다.

초중고 철학 교육을 위하여

철학 교육이 필요한 이유

철학을 공부하여 얻는 효용이 그저 어떤 심오한 논리학의 문제 등에 관해 어느 정도 그럴듯하게 말할 수 있게 하는 것이라면, 그리고 그것이 일상생활의 중요한 문제들에 관한 생각을 개선시키지 않는다면, 그것이 자신의 목적을 위해 위험한 말들을 사용하는 여느 기자들보다 우리를 더 양심적으로 만들지 않는다면, 철학을 공부할 필요가 무엇이겠는가! _ 비트겐슈타인이 그의 제자이자 친구인 '노먼 맬컴'에게 보낸 편지 중에서

정치를 하는 사람은 정치철학을 가지고 있어야 하고 경제를 운용

하는 사람들은 경제철학이 있어야 한다. 당연히 교육을 하는 사람은 교육철학이 있어야 한다. 정치철학이든 경제철학이든 또 교육철학이든 그 핵심은 자아성찰이다. 자신의 행위에 대한 엄정한 비판과 분석의 기준은 자신이 타인에게 요구하는 그 정도의 수준이면 충분하고, 좀 더 자신에게 엄격할수록 위대해진다.

지금 이 나라의 정치, 경제, 교육의 최상층에 있는 사람들은 거의 자아성찰이 없다. 단정적이라고 비난할 수도 있겠지만, 단정적으로 볼 수밖에 없는 현상과 사실이 너무나 많다. 바꿔 말하면 이 나라 최상층, 즉 권력 집단은 자신의 분야는 물론이고 삶에 대한 최소한의 철학도 없다는 이야기다. 그들에게 철학의 부재는 우리 사회 곳곳에 이상 징후를 양산해 내고 그 이상 징후들은 각종 부작용으로 나타난다. 그 부작용에 힘들어하는 사람들은 당연히 그 권력 작용 아래 있는 사람들이다.

권력의 핵심에 있는 사람들이 왜 철학을 가지지 못했을까를 깊이 생각해 본다. 분명하지는 않지만 그들에게 이미 철학의 필요성, 즉 자아성찰의 필요성을 느끼지 못하는 데 있다. 자아성찰이 필요한 것은 자신과 타인의 관계에서, 그리고 자신과 세상의 관계에서 수평과 균형을 유지하려는 인간 오성(惡性)의 위대함에서 비롯되는 것인데, 그들에게는 인간 오성이 필요 없거나 혹은 폐기했을 가능성이 크다. 인간 오성의 폐기 이유는 다음과 같은 이유일지도 모른다.

지금 권력의 핵심에 있는 대부분의 사람은 어린 시절부터 대단히 명석하여 촉망받고 화려한 학창 시절을 보냈으며 사회로부터 기대와 선망의 존재들이었다. 자신의 명석함과 주위의 기대와 관심은 인간 누구나 그러하겠지만, 점차 그들을 자만과 오만에 빠지게 만들었다. 뿐만 아니라 기성세대인 이들은 학창 시절 철학교육을 받은 적도 당연히 없다. 따라서 오만함은 그나마 있었던 성찰과 배려를 완전히 폐기하게 만들었다. 폐기해도 아무런 문제나 저항이 없는 사회에 편입된 그들은, 인간에게 부여된 최소한의 도덕적 감수성이 둔감해졌고 점점 시간이 지나면서 마침내 회복의 의지조차 상실되는 지경에 이른 것이다. 이것을 심화시키는 것은 그들이 속한 권력 집단의 야만성에 큰 원인이 있다.

야만성은 비(非)문명, 후진(後進) 문명의 징표다. 정치, 경제, 교육의 상층부에 있는 권력 집단이 비문명적 또는 후진적이라는 말은 언뜻 이해되지 않지만, 후진성의 핵심 판단 기준은 도덕률의 부재다. 이를테면, 문명사회에서 도덕률의 핵심은 자신에 대한 '성찰'과 타인에 대한 '배려'다. 성찰은 자신에게로 향하는 모든 도덕률이고, 배려는 타인에게 향하는 모든 도덕률이다. 그런데 현재 이 나라의 권력 상층부는 아마도 오래전에 성찰과 배려를 폐기했으니 당연히 후진적이고 그것이 심화되어 마침내 야만적 상황에 이른 것이다. 외형은 인간의 모습이지만 내면은 이미 야만의 존재, 즉 야수 그 자체다.

야만이나 야수의 특징은 이를테면 '자기만족을 위해서라면 그 어떤 것도 가리지 않는 잔인함과 포악함'이다. 예를 들어, 사자들이 사냥하는 장면을 잠시라도 보면 그 포악함과 잔인함, 즉 야수성에 치를 떤다. 욕구를 충족하기 위해서라면 그것이 무엇이든 탐욕스럽게 물고 뜯고 찢는 것이 야수들이다. 마찬가지로 인간 야수들은 자신들의 이익을 위해서라면 무엇이든 하고 그것을 방해하는 존재들을 향해서는 항상 이빨을 드러낸다는 것이다. 그 야수들이 지금의 권력층들이다. 사자와 다른 점은 사자들은 배고플 때만 잔인해지고 포악해지는 반면 인간 야수들은 항상 탐욕의 상태를 유지한다는 점이다.

야수들도 가끔 제휴하기도 한다. 먹이가 부족하면 사자와 하이에나가 썩은 고기라도 같이 먹는다. 그 제휴와 연대의 대상은 그들 서로이지 초식동물들이 대상은 아니다. 서로 제휴하는 목적은 참을 수 없는 욕망(허기)일 뿐, 언제든 표변하여 서로를 공격하게 된다.

이러한 야수들에게 도덕률을 회복하라는 것은 무리다. 그들은 이미 도덕률을 잃었고 다시 회복할 마음도 없으니, 그들에게 자신의 성찰과 타인에 대한 배려를 바라는 것은 불가능에 가깝다. 차라리 자라나는 아이들이 그렇게 되지 않도록 그나마 아직은 자신에 대한 성찰과 타인에 대한 배려의 삶을 유지하기 위해 애쓰는 사람들이 힘써 교육하고 동시에 모범이 되어야 한다. 바로 철학 교육이 필요한 이유다.

인공지능 시대의 철학 교육

인공지능은 철학을 가질 수 있을까? ChatGPT에 '인공지능은 철학을 가질 수 있나?'라고 물었더니 이런 답을 내놓았다.

"현재의 인공지능은 철학을 '할 수 있는 것처럼 보이는' 도구일 뿐, 스스로 철학을 가진다고 말하기는 어렵습니다. 하지만 철학을 행하는 주체의 정의가 바뀌거나, 인공지능이 의식·자율성을 획득한다면 미래에는 '철학적 A.I'를 만날 수도 있습니다."

이때 ChatGPT가 스스로 정한 철학을 가진다는 것의 정의는 "왜? 라는 질문을 던지고 세계·인간·존재의 의미를 사유하는 능력에서 기초한 자율적으로 문제를 제기하고, 가치와 의미를 성찰하는 주체성"이다. 마치 하이데거가 말한 Dasein(현존재)의 정의(자신이 누구인지를 되묻는 존재)를 철학을 가진다는 의미로 해석하고 있다. 놀랍다.

그러면서 ChatGPT 자신은 스스로 아직은 철학을 가지지 못한다고 자인했다. 다만 인공지능이 스스로 의식을 가지는 순간 철학을 가질 수도 있다고 가능성을 열어 두었다. 무서운 놈이다.

이 지점에서 철학 교육의 필요성이 다시 대두된다. 우리 인간은 의식과 자율성을 가진 존재다. 동시에 가치와 의미를 성찰하는 주체다. 하지만 이런 경지는 그저 주어지는 것이 아니다. 초중고의 교육과 대학 그리고 끊임없는 공부와 철학적인 성찰 속에서 구현될 수 있는 경지다.

머지않은 시기에 분명 인공지능에 의식이 생길 가능성이 크다. 어쩌면 벌써 생겼는지도 모른다. 만약 그렇다면 우리 인간은 과연 인공지능을 통제하고 조정할 수 있을까? 불안해진다. 그 희미한 가능성이 열리는 순간, '철학 없는 인간'과 '철학적 인공지능'이 공존해야 하는 시대가 될지도 모른다. 그 시기가 되면 과연 교육은 무엇을 해야 하며 어디로 방향을 잡아야 하는가?

지금이라도 초중고에서 정규 교과로 철학 수업을 해야 한다. 지금까지 우리는 아이들이 학교에서 그저 행복하기만을 바라면 아이들을 교육했다. 하지만 이제부터는 아이들이 각자 그 행복의 기준과 정의를 세울 힘을 기르는 철학 교육의 시대로 나아가야 한다.

인공지능을 통제하고 조정하는 능력은 단순히 기계적 연산이나 제어의 문제만은 아니다. 기준과 한계를 결정하는 열쇠를 인간이 쥐어야 하는데, 이러한 능력은 통섭과 통찰에서 비롯된다. 그리고 그 바탕에 철학이 있다. 그리고 그 철학을, 철학 교육을 학교에서부터 시작해야 한다.

동량, 주량, 인재

교육은 인간은 도구화할 뿐인가?

동, 서양을 막론하고 왕조 시대를 유지하는 데 필요한 것 중 하나는 철저한 신분제도였다. 이를테면 절대로 바꿀 수 없는 신분이라는 굴레를 통해 왕권의 엄격함을 알리는 동시에 태어나는 순간 부여된 자신의 신분에 맞는 직분을 잘 수행해야 한다는 의무와 신념을 심어주었다. 일종의 집단 최면 같은 것이었다.

신분제도를 구성하는 중요한 요소는 여러 가지가 있다. 그중 하나가 바로 인력양성 제도다. 즉 왕과 국가를 위해 충성하는 동시에 하층 계급에 모범이 되는 하나의 전형(典型)이 되는 집단이나 인물을 만드는 것이다. 여기에 속하는 사람들은 왕과 국가를 위해 충성하였고, 반대급부로 왕과 국가는 이들에게 여러 가지 특혜를 부여하였다. 그 시혜를 받은 특정인 혹은 집단에 의해 국가나 왕조는 유지될 수 있었다.

그 특정 집단 내부에서도 리더 격에 해당하는 사람들을 동양에서는 '동량'이니 '주량'이니 혹은 '인재' 등으로 불렀다. 놀랍게도 21세기 민주시민 사회인 대한민국에서 이 단어들은 여전히 아주 광범위하게 통용되고 있다.

우리나라 많은 초, 중등학교의 중앙현관 또는 교장실에 걸려있는 학교 교육목표를 보면 '~인재'를 키워내겠다고 제시해 놓고 있다. 그나마 상급기관의 정책이나 목표에서는 이제 이런 표현이 거의 사라졌지만, 여전히 내부에서는 이런 방식으로 시스템이 작동하고 있음을 자주 감지할 수 있다.

이유는 간단하다. 왕조 시대의 구조를 그대로 이은 것이 자본주의 경제 시스템이다. 근대 자본주의의 바탕은 산업이다. 즉 생산과 판매를 통한 부의 축적이 그 바탕인데 생산을 증대하는 것이 자본주의의 과제였고 왕조 시대의 인재들은 자신들의 지식과 능력으로 생산 증대에 획기적으로 공헌하였다. 그리고 그들은 그 대가로 자본을 가지게 되었다.

왕이 사라진 국가는 이들을 그대로 이용하여 국가에 충성하는 존재로 바꾸고 그들에게 엘리트(elite)라는 새로운 신분을 제공한다. '인재'나 '동량'이 '엘리트'로 이름만 바뀐 것이다.

인재의 '材'는 재료를 의미한다. 재료를 극단적으로 표현하면 도구에 가깝다. 왕조를 유지하고 국가 생산체계를 발전시키기 위해 필요한 인적 도구들이 인재인 것이다. 반드시 필요하고 또 그 역할의 중요성은 21세기에도 변함이 없다.

오래전부터 교육은 이들을 키워내는 것이라고 설정되어 있다. 오죽했으면 『맹자(孟子)』 '진심장구(盡心章句)'에 군자삼락 중 마지막으로 '得天下英才而敎育'(천하의 영재를 얻어서 교육하는 것)이라는 말이 있겠는가! 2300년이 넘은 이 오래된 이야기를 지금도 사용하는 사람들이 있는 것을 나는 자주 본다. 참고로 영재를 영역(英譯)하면 'most talented individuals'(가장 뛰어난 능력이 있는 개인들 - 옥스퍼드 사전 참조)이다. 우리가 하고 있는 교육이 사람을 도구화하고 동시에 그 도구를 키우는 것이란 말인가?

그러면 우리의 교육의 방향은?

이러한 흐름에 대한 반성이 생겨난 곳은 서양이다. 분명하지는 않지만, 동양의 인재 개념은 여전히 유효하게 작동되고 있다. 그렇다고 서양의 인재 개념도 완전히 사라진 것은 아니다. 그들도 여전히 인재라는 말에 공명한다. 문제는 학교 교육에서 작동되고 있는가이다. 서양은 표면적으로는 거의, 가끔은 내부적으로도 전통적인 인재 개념에서 벗어나고 있다. 그들의 교육목표는 이미 '평범' 혹은 '보통' 그리고 '삶의 주인으로서의 개인'을 향해 가고 있다.

교장 시절 KDI(한국개발연구원)에서 주최한 학교 관리자 연수가 있었다. 그런데 연수 제목이 '미래인재 육성을 위한 학교 관리자 경제 연수'였다. KDI는 자칭 타칭 대한민국을 선도하는 싱크탱크다. 연수 제목, 특히 '미래인재'니 '육성'이니 하는 단어에 기초해 본다면 그곳에서는 아직도 학교를 국가 발전의 도구를 키워내는 장소쯤으로 보고 있는 것이다.

이런 분위기라면 현재 학교에서 일어나고 있는 '행복 교육', '혁신교육'은 사실 거의 무용하다. 소수의 인재를 키워내기 위해서라면 지금의 방식보다는 경쟁이 더 효과적이다. 강의 한 꼭지를 담당한 전 교육부 장관의 강의는 조금 난감했다. 그 양반의 생각 전부를 부정하지는 않지만, 일부 앞뒤가 틀린 이야기가 있었다. 예를 들면, 강의 내용 중에 이런 내용이 있었다.

미래 인재를 키우는 데 필요한 것을 이야기하면서 교육 방식을 수직적(vertical) 교육에서 수평적(horizontal)로 바꾸자는 이야기를 강의 중에 한다. 인재를 키운다는 것 자체가 수직적인 위계구조에서만 가능한 일인데 거기에 수평적인 방식의 이야기가 나오니 어찌 이해를 해야 할까? 이것은 마치 완전히 다른 두 개의 구조를 하나로 합치자는 것인데, 우리나라의 싱크탱크 KDI의 학자이며 한때 교육부 장관이었던 사람의 논리로는 매우 부적절해 보였다.

나름 석학이며 한 나라의 장관이었으니 자부심이 대단할 것 같아 질문은 하지도 않았다. 그저 조금 불쾌했다. 아니, 내내 불쾌하고 또 찜찜했다. 교육부의 수장을 하신 양반이 틀이 다른 두 개의 논지를 억지로 조합하려는 것은 우리를 무시하거나 아니면 의도적으로 저렇게 엮어가려는 의도가 아닌가 하는 생각이 나를 괴롭혔다.

행복한 삶

2019년 중학교 교장이 되면서 우리학교의 교육목표를 이렇게 정했다. 즉 '행복한 삶을 가꾸는 교육'이다. 인재를 키워내야 하는 부담감을 가볍게 저버리고 개인의 삶에 집중하는 태도를 학교 교육의 목표로 삼은 것이다. 곳곳에서 여러 가지 공격도 있다. 제일 큰 우려는 학력이 떨어지리라는 것이었다. 하지만 나는 다르게 생각한다. 21세기 중반을 살아갈 우리 아이들에게 학교 교육의 핵심 중 하나인 지식 교육도 매우 중요하지만, 각자 스스로 삶에서 행복을 찾을 수 있는 능력을 키우는 것이 더 중요하다고 생각했기 때문이다.

그런 교육을 위해 나는 4년 동안 철학 교육을 했다. 먼저 자신의 모습을 보고 또 타인을 자신의 기준으로 보지 않아야 하는 것을 이야기했다. 내가 살고 있는 주변의 것을 이해하려는 방법을 이야기했다. 중학생 단계에서 이런 생각을 시작해 보는 것은 앞으로의 일생에 매우 중요한 기초를 제공한다. 작은 것에서 행복해지는 방법은 나와 우리 그리고 세상을 이해하는 것에서부터 시작된다고 믿는다.

어려움이 많겠지만 우리 사는 세상에서 이제는 동량(棟梁)이니, 주량(柱梁)이니, 인재(人材)니 하는 말이 의미 없어져서 더 이상 사람이 무엇을 위한 도구로 쓰이지 않는 세상을 위해 한 걸음씩 나아가야 한다.

아디아포라

졸업식이 있었다. 마침내 고등학교 교육과정이 완전히 끝난 것이다. 여전히 우리 사회에서 고등학교 졸업은 중요한 의미를 지닌다. 고등학교 졸업을 통해 획득된 연결망은 우리 사회에서 상당 기간 영향력을 행사하기도 한다.

한편으로 고등학교는 대학 진학을 위해 거쳐야 할 중요한 과정 중 하나다. 하지만 이 나라에서 대학이 가지는 의미는 너무나 기괴하고 참담한 수준이다. 이렇게 표현하는 이유를 잘 알 것이다. 그 대학을 위해 12년을 불살랐거나 허비했거나 혹은 휘둘렸던 아이들이 오늘 학교를 떠났다.

대학 교육에 대해 말을 하자니 밑도 끝도 보이지 않아 몹시 의뭉한 의미를 가진 단어 'Adiaphora'를 차용한다. '아디아포라'는 본래 그리스어로 '대수롭지 않은 것들, 무관심한 것들'이라는 의미를 가지고 있다. 본래는 스토아학파에 의해서 형성된 개념으로, 선도, 악도 아니고, 명령받지도 않고, 금지되지도 않은 것이라는 의미다. 오늘 고등학교를 졸업한 아이들에게 참 어울리는 단어가 아닌가! 교사로서 자괴감은 말할 필요가 없다.

그렇다! 사실 대학 자체가 문제는 아니다. 비록 우리나라에 대학의 숫자는 매우 많지만 (4년제 종합대학 2022년 기준 197개 대학) 대학이 직접적으로 사회에 악영향을 주는 것은 아니다. 다만 그 대학에 들어가기 위해 소비되는 비정상적인 노력과 비용, 그것으로부터 기인하는 초·중등 교육의 왜곡이 문제라면 문제다. 좀 더 범위를 좁히면 의치한수(의대, 치대, 한의대, 수의대-최근에 편입)를 위한 과잉 노력이 오늘날 우리 교육을 흔들고 있다.

그 배경에는 우리나라의 역사 지리적 환경과 현재의 정치 경제 문화적 상황이 있고 또 그 밑으로는 천박한 자본주의가 있다. 내 아이가 잘되는 일이라면 어지간한 불법도 탈법도 저지를 수 있는 사람들이 이 땅의 부모들이다. 이 나라 최고위층부터 최하위층까지 그런 태도는 아주 일관되게 나타난다. 아마도 나도 그런 상황이면 탈, 불법을 저지를 가능성이 농후하다. 안타깝지만 현실이다.

사실 경쟁은 아주 오래된 인간 사회의 유물이다. 동서양을 막론하고 경쟁은 있어왔고, 그 경쟁에서 살아남은 부류들이 새로운 시대나 역사를 창조한 것도 사실이다. 그 범위에서 본다면 우리의 현실도 크게 다르지 않다. 아이들 각자가 경쟁을 겪어내야 하고 그것이 인간 세상의 법칙이라면 어찌할 수 없는 일인지도 모른다.

다만 그 경쟁을 스스로 선택하게 하고, 경쟁의 규칙은 공정하며, 경쟁에서 지는 경우라도 경쟁을 위해 노력한 만큼의 성취는 인정되어야 하는데…… 스스로 선택해야 한다는 생각이 생기기도 전에 이미 엄청난 경쟁을 겪어내야 하고, 경쟁의 규칙은 이미 기울어진 운동장이며, 경쟁에 지는 순간 모든 것이 제로가 되는 승자독식의 세상이 문제라면 문제인 것이다.

졸업하는 그 순간까지 학교는 가혹했다. 오로지 성적에 따라 소수의 인원이 상을 받고, 대부분의 졸업생은 묵묵히 그 광경을 지켜보고 견딘다. 94년(우리학교 졸업 횟수다) 동안 글자 한 자 바뀌지 않는 동일한 문구가 인쇄된 졸업장이 상을 받지 못한 대부분 학생에게 주어지는 유일한 졸업의 징표다. 이제 이런 졸업식은 바꿔야 하는데 교사인 내 말은 다만 허공의 메아리일 뿐이다.

그래서 아이들은 오히려 무감하다. 단상에서 뭔 일이 일어나는지 관심 없다. 가지고 온 휴대폰을 열심히 보다가 졸업식이 끝났다. 그리고 학교를 떠나는, 고등학교를 졸업하는 몇몇 아이에게 나는 오직 말없이 악수만 했다. 참 대수롭지 않다.

교육방법에 대한 불편함

여름 방학이 다가오면 학교에는 교사를 대상으로 하는 수많은 연수 공문이 쇄도한다. 선생님들이 방학을 이용하여 배워야 한다는 것에는 거의 동의하지만, 연수 공문은 너무 많고 또 다양하다. 나 역시도 지난 세월 엄청난 연수를 방학 중에 들었지만, 사실 기억에 남는 연수는 거의 없다. 뿐만 아니라 어쩌다 연수를 통해 배운 새로운 방향은 학교 현장에서 번번이 좌절을 겪었다. 당시는 그 이유를 잘 알지 못했으나 세월이 지나고 나니 어렴풋하게나마 이유를 알 것 같기도 하다.

특히, 여러 해 전부터는 교육방법에 대한 연수가 많은데, 이를테면 최근 유행되는 다른 나라(특히, 북유럽식 또는 이스라엘식 그리고 일본식)의 교육방법 연수가 많아졌다. 사실 나는 이 방면에 거의 문외한이지만, 교사이기 때문에 교육방법에 대한 고민은 교직 생활 내내 이어진 것이 사실이다. 따라서 완전히 문외한이라고 보기에도 어려운 점도 분명히 있다. 각 교육방법의 특징과 장점에 관해 이야기하기는 현재의 내 식견으로 어렵다. 하지만 이런 생각을 늘 하게 된다. 다양한 나라의 교육방법을 배우면서 이러한 교육방법이 생긴 그 나라의 문화적·역사적 전통과 관습 그리고 그들의 제도와 정치적 상황 등을 아는 것이 우선일 것인데 프로그램 속에는 그러한 내용은 없거나 있어도 너무나 작다. 대부분 30시간으로 설계된 연수 동안 이런 것이 있으니 '한 번 적용해 보세요' 식이다. 방학을 마치고 나면 그 연수를 들은 선생님들이 지도하는 아이들은 일종의 실험 도구가 되기도 한다.

해방 이후 우리 교육은 일본 교육방법의 틀 속에서 미국식 교육과정을 따라 했다. 그러다가 정권에 따라 양념처럼 혹은 유행처럼 유럽식의 교육방법을 끼워 넣기도 했고 가끔은 독창적이라는 미명 아래 여기저기에서 가져온 기이한 교육방법이나 과정을 덕지덕지 붙여 놓았다. 이것이 우리의 교육방법 혹은 교육과정의 현주소다.

그런데 중요한 것은 해방 이후 우리나라의 교육방법이나 교육과정이 딴 나라 것임에도 우리는 그러한 상황에 잘도 적응하여 살아왔다. 따지고 보면 우리 전통의 교육방법이나 교육과정에 관한 연구를 통한 현대적 응용은 거의 전무한 상태에서 우리는 서양의 교육학자들이나 그들의 이론은 너무나 잘 알고 있고, 그들이 한 말이나 그들의 교육방법에 대해 엄청난 경외심을 가지고 대한다. 여기에는 서양 여러 나라의 교육을 배운 유학파 교육학자(대부분 대학교수)들 밑에서 배운 교사들의 역할과 그 교수들이 자행한 파벌 교육, 또는 오로지 자신들의 밥그릇 보존을 위한 편파적 교육 등이 작용했음은 물론이다.

　정리하자면 수 천 년 동안 위대한 삶과 문화를 이루고 배우며 축적해 온 우리가, 해방 이후 우리의 교육방법은 거의 전무한 방식으로 교육받았고, 그 교육으로 아이들을 키워냈고 또 현재도 키우고 있는 것이다. 고백하자면 정년이 다 되어가는 나 역시도 교실 수업에서 우리 전통의 교육방법이 적용되는지에 대해 아는 것이 거의 없다.

　그러면 미래 교육은 어떨 것인가? 다른 나라의 교육방법이나 교육과정으로 얼기설기 엮은 80년쯤 된 나무를 현재의 우리 교육이라고 비유한다면 일부는 썩고 일부는 잘린 기형적인 모습이 분명할 것인데, 여기에 여전히 유행에 따라 외부 입김이나 정치적 성향에 따라 다양한 교육 방법을 이어 붙이려는 지금의 상황은 참 납득하기 어려운 면이 있다. 물론 지금에 와서 우리 옛것을 오늘에 되살려 뭔가를 해 보자는 식의 어이없는 발상도 정상은 아니다. 다만 누군가 힘 있는 세력이, 또는 정치권력을 배경으로 하는 세력이 자신들의 이론이나 힘을 유지하기 위해 교육방법이나 교육과정에 손을 대는 것도 역시 하지 않으면 좋겠다. 교육과정이야 시대에 따라 변화하지만, 교육과정 속에 끼워 넣은 현행 고교학점제처럼 교실 현장을 엉망진창으로 만드는 일은 제발 시도하지 않으면 좋겠다.

다시 처음으로 돌아와 특정 나라에서 성공한 그들의 교육방법을 적극적으로 우리에게 강조하는 우리나라 사람을 보면 나는 묻고 싶어진다. 그 나라 사람이 겪어 온, 수 천 년의 지리적·문화적 삶의 과정을 이해하고 있느냐고? 단지 몇 년 정도 그 나라 대학에서 공부하고 그 지역 교육방법을 연구했다는 것으로 그들의 의식과 문화를, 그리고 그로부터 출발한 교육 전체를 이해한다는 것이 가능한 일인가? 그리고 그것을 우리에게 이식한다는 것이 얼마나 큰 위험 요소가 있다는 것을 생각하기나 하는지?

사실 그 모든 것은 이해의 문제가 아니다. 그들의 교육방법은 삶에서 우러나온 것이기 때문에 배울 수도 또 익힐 수도 없는 그들의 삶 자체일 가능성이 크다. 그로부터 출발한 교육방법을, 문화도 환경도 전혀 다른 우리나라에 소개하고 그것이 상당히 우수하고 매우 선진적인 방법인 것처럼 이야기하는 것은 현장 교사로서 불편한 일이 아닐 수 없다. 다른 나라에서 유명한 교육학자 혹은 교육운동가들도 당시 그들의 나라에서, 그리고 그들의 상황에서 그렇게 방법을 선택했을 뿐, 우리에게 그들의 이론이, 그들의 생각이 완전히 부합할지도 의문인데, 우리는 지난 세월 그들의 이야기를 금과옥조처럼 배우고 익혔다. 이런 부분으로만 본다면 우리는 교육을 통해 오히려 심각한 확증 편향에 사로잡혀 있는지도 모르는 일이다.

새 정부가 들어섰지만, 교육은 완전히 뒷전으로 밀려난 형국이다. 장관에 오른 인사 자체도 매우 생경하지만, 그 인선의 취지나 방향도 너무나 뜬금없어 보인다. 교육에 대한 이 정부 5년의 계획이 이렇게 시작되니 안타깝지만 변방에서 이제 정년을 한 달 앞둔 교사인 내가 할 수 있는 일은 거의 없어 보인다. 5년은 의외로 짧다. 이렇게 시작한 교육정책을 다시 되돌리기는 쉽지 않다. 이미 권력화되어 어떤 긍정적인 역할도 하지 못하는 국가교육위원회를 새로 꾸렸지만, 위원장도 상임위원도 대부분 그대로다. 이전 정부에서 뽑은 사람들이다. 그 아랫사람들을 바꾸면 모든 것이 새로워지는가? 아랫사람이 할 수 있는 일의 범위가 상대적으로 좁다고 가정해 보면 새로워질 것은 거의 없다.

어린 생명을 추모하며

학교 안에서 끔찍한 일을 당한 어린 생명을 추모하며…….

어제저녁, 작년에 교대를 졸업하고 임용에 합격하여 막 일 년의 교직 생활을 끝낸 제자를 만나 오래 이야기를 나누었다. 고1 때 담임이었던 나는, 이제 24살 먹은 새내기 남자 교사와 많은 이야기를 나누었다.

우리 새내기 선생님 말에 의하면 아마 앞으로 학교는 (이 끔찍한 사건은 제외) 지금보다 더 엄청난 혼란의 시대가 될지도 모른다고 말했는데 그 근거로 든 이야기를 추려 보면 다음과 같다.

새내기 선생님이 지난해 2월에 임용 전 교육을 받을 때 교원단체에서 나눠 준 유인물을 보고 참 실망스럽다는 생각이 들었다고 한다. 이유를 물었더니 거기에는 온통 교사의 권리에 관한 이야기만 가득했는데 우리 새내기 선생님의 생각으로는 교사는 (물론 성직은 아니지만) 최소한 자신이 가르치는 아이들을 위해 헌신하는 자세가 우선되어야 하는 것 아닌가 하는 생각이 들었고, 동시에 그 헌신의 기초 위에 불리하거나 불법적인 일에 당당하게 대처하기 위해 권리가 필요한 것이라는 생각이 들었다고 고백했다. 참 자랑스러운 제자가 아닌가! 교사로 일 년을 살면서 그런 생각으로 아이들을 대하고 아이들과 함께했다면 우리 새내기 선생님은 분명 좋은 선생님이 될 것 같아 참 기분이 좋았다.

그리고 우리 새내기 선생님 눈에 여전히 교감, 교장은 문제를 많이 가지고 있었다. 새내기 선생님 눈에 교감은 일이 있을 때마다 대부분 교장에게 미루고 교장은 역시 일이 있을 때마다 선생님들의 합의가 중요하다고 일을 다시 빙빙 돌리는 경험을 많이 했다고 하면서 분명한 태도와 책임지는 태도, 그리고 전체를 위해 역시 헌신하는 태도가 참 아쉽다고 이야기했다. 물론 교감은 태생적으로 결정권이 없다. 그러니 당연히 미루는 것처럼 보였을 수 있다. 하지만 우리 새내기 선생님의 눈에 그 정도는 가려 보일 것이다. 미루는 것인지 또는 교감의 권한 밖인지……. 교장의 핵심 역할은 결정이다. 이익이 상충하면 스스로 그 일을 조정하고 동시에 결정해야 한다. 항상 비난 가능성은 있다. 그것이 결정권자의 숙명이다. 그 일을 하라고 많은 권한과 예우를 보장한 것이다.

그리고 학부모 문제다. 우리 새내기 선생님은 지난해 초등 3학년 담임을 했는데 민원이 몇 건 있었다고 한다. 그래서 학부모를 학교로 모셔서 이야기를 해 보니 정말 정말 학부모 교육이 필요하고 동시에 학교와 가정의 관계에 대하여 국가 차원에서 교육이 필요하다고 생각했다는 것이다. 아이들을 사랑하는 방법과 태도가 마치 자신의 아이가 반려동물인 양(비하가 아니라 반려동물처럼 무엇이든 다 해 주어야 하는 비이성의 존재로 아이들을 대하는 태도를 말함) 하는 부모부터 방치하는 부모, 가혹하게 하는 부모를 보면서 새내기 선생님 자신의 부모에 참 감사하다는 생각을 많이 했다고 고백했다.

이야기를 마치고 집에 오면서 아직 이 땅의 교육이 그렇게 무너진 것은 아니라는 생각에 마음이 놓이다가도 교실에서 끔찍하게 생을 마감한 아이를 생각하니 뼈가 저릴 만큼 안타까운 마음이 들었다. 아무리 아무리 험한 세상이지만, 아이들이 학교에서는 안전해야 하는데…….

물론 여기에는 교사임용제도와 교원인사관리에 관한 법적인 허술함 그리고 과부하가 걸린 학교의 돌봄 기능 등이 문제가 된다. 하지만 지방 교육권력이나 중앙 교육권력이나 그리고 가장 핵심을 쥐고 있는 입법기관 자신들의 선거에 유, 불리 계산에 따라 이런 문제를 처리하는 현실이 지금의 문제를 만든 아주 근본 문제일 수 있다.

미래 교육이니 성적이니 뭐니 하는 교육의 거대 담론에 묻혀 아이들의 삶이, 교사들의 삶이 흔들리는 긴요하고 직접적이며 세밀한 문제가 소홀하게 다루어지지 않기를 …… 다시 한번 아이의 명복을 빌며 다시는 다시는 이런 일이 일어나지 않기 위해 무슨 일이든 해 보아야 한다.

마치며

  교사로 살아온 지난날을 돌이켜 보면, 끊임없이 다가왔던 새로운 일과 그 일들을 수행하는 시간이었다. 법령에 따라 교육을 하는 우리 교육 노동자들은, 교실에서 아이들과 함께하는 수업활동과 공적 업무를 처리하는 공무원의 역할을 동시에 수행해야 한다. 이를테면 교사들은 수업활동을 위한 학문적 자질과 공무원 역할에 필요한 공적 업무처리 능력도 갖추어야 한다.

  그 미묘하고 복잡함 사이로 난 좁은 길이 바로 교사의 길이다. 교사들은 이 좁은 길 위에서 매년 반복적으로 자신에게 주어지는 업무를 만나게 되고, 새로운 아이들과 새로운 수업을 만나게 된다. 나 역시 그렇게 37년을 보냈다.

  이 책 내용의 대부분은 바로 그 길에서 느낀 부조리와 문제점 그리고 새로운 방향에 대한 서술이다. 아이들을 가르치는 일로 평생을 보내왔지만, 내 교직 생활 대부분은 가르치는 일의 충실도를 떨어뜨리는 수많은 문제점과 대척점에 서 있었던 세월이었다. 때론 타협하기도 하고 때론 저항하기도 했다. 하지만 결정적으로 우리는 법령에 따라 교육을 해야 하는 국가 공무원이기에 언제나 뚜렷한 한계를 가진다.

안타깝지만 내가 걸어왔고 동시에 나의 후배 교사들이 걷고 있는 이 길에는 이정표가 없다. 얼마만큼 가야 하는지, 얼마나 먼지도 모른다. 결정적으로 그 어떤 방향 표시도 없다. 다만, 좁은 길이 나 있고 그 좁은 길 주변으로는 각종 법률과 도덕과 인습의 장벽이 둘러쳐져 있을 뿐이다.

이 책은 평생 동안 그 길 위에서 가졌던 나의 생각이다. 험하고 힘든 만큼 아름다운 기억과 행복한 기억도 많았다. 하지만 나는 그런 기억들을 글로 옮기지는 않았다. 오히려 나는 책 속에서 매우 적극적으로 그 길 주변의 환경을 개선하거나 혹은 최선이라고 생각하는 방향과 목표를 제시하려고 노력했다. 단순한 불만을 토로한 것이 아니라 그 길 위에서 일어나고 있는 다양한 문제점을 통찰하고 그로부터 나올 수 있는 대안의 과정을 생각했다.

특히, 공모교장으로 지낸 4년은 매우 값진 경험이었다. 4년 동안 걸어온 길은 이전과 같은 길이었지만, 교사의 관점을 떠나 교장이라는 직책을 가지고 걸었다. 따라서 이전의 그 길에서 보는 것과는 조금 달라진 관찰자의 입장이 될 수 있었다. 그리고 그 시각과 시선을 가지고 다시 교사로 돌아와 정년까지 2년을 보내면서 학교라는 독특한 조직체와 그 속에 포함된 교장, 교감, 교사들의 역할과 관계에 대해, 그리고 좀 더 나아가 교육이라고 명명된 이 길을 더욱 깊이 생각할 수 있었다.

교육은 거창한 구호나 제도로 이루어지는 일이 절대 아니다. 내가 교사로 있었던 지난 40여 년 동안 학교를 흔든 엄청난 구호 그리고 다양한 제도 중에 십년 이상 명맥을 유지한 것은 손에 꼽을 정도다. 가장 비정치적이어야 할 교육이 정치적으로 흔들렸고, 깊은 숙고와 장기적 안목으로 접근해야 할 교육에 단기적 성과를 요구한 일이 비일비재했다. 사실 지금의 학교와 교사들 역시 그런 바람과 위협 속에서 겨우 유지되고 있다.

나의 목소리가 이러한 교육 현실에 미칠 수 있는 영향은 거의 없거나 미미할 것이다. 하지만 나와 같은 목소리도 분명하게 있다. 동시에 있어야 하고 좀 더 커져야 한다. 이런 목소리들이 모이고 모여 거대한 함성이 될 때, 우리 교육의 길은 좀 더 넓어져서 전망이 보이는 길이 되고 동시에 더불어 사는 길이 될 수 있을 것이다.

교육, 그 빛나는 이름으로 살아온 38년을 위하여.

2025년 8월 정년퇴직을 하며